공부가 되는
저절로 **영단어**

공부가 되는
저절로 영단어

초판 1쇄 발행 2011년 8월 18일
초판 2쇄 발행 2016년 3월 3일

지음 다니엘 리

책임편집 인우리
책임디자인 오세라

펴낸이 이상순
주　간 서인찬
편집장 박윤주
기획편집 한나비, 김한솔
디자인 유영준, 이민정
마케팅 홍보 이상광, 이병구, 이희리, 오은애

펴낸곳 (주)도서출판 아름다운사람들
주소 (413-756) 경기도 파주시 교하읍 문발리 파주출판문화정보단지 534-2
대표전화 (031)955-1001　**팩스** (031)955-1083
이메일 books777@naver.com
홈페이지 www.books114.net

ⓒ2011, 아름다운사람들
ISBN 978-89-6513-105-2　63740

공부가 되는
저절로 영단어

지음 다니엘 리 | **추천** 오양환 (前 하버드대 교수)

아름다운사람들

공부가 되는
저절로 영단어

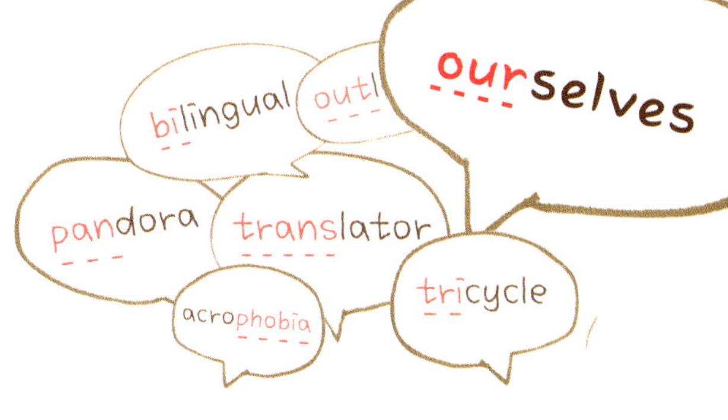

kilometer
bilingual
outl
ourselves
pandora
translator
acrophobia
tricycle

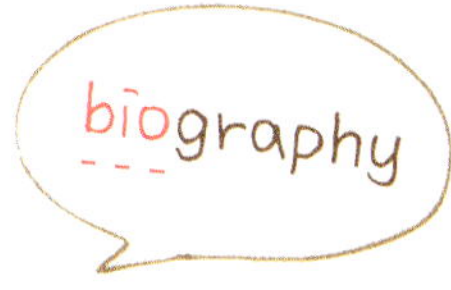

biography

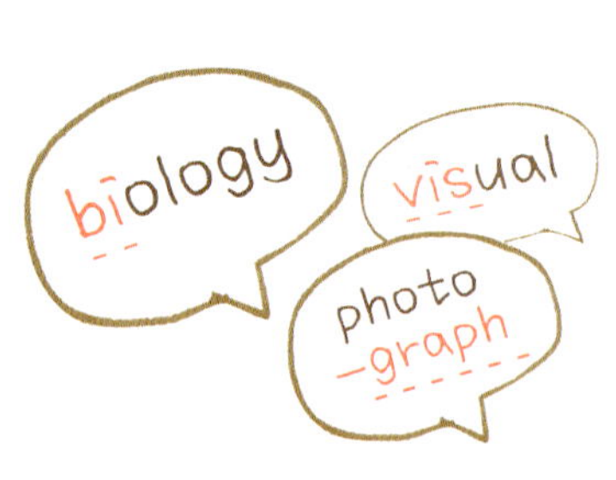

biology
visual
photo graph

middle
pandor
memorize
teletext

LEONARDO DA VINCI

Superman!

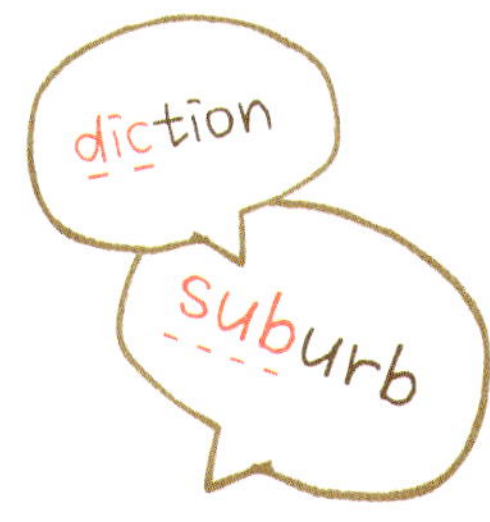
diction
suburb

caption
symphony
format

captain

antiviru
tri
socia
preserve
translator
exhale
revival

themselves
react
capture

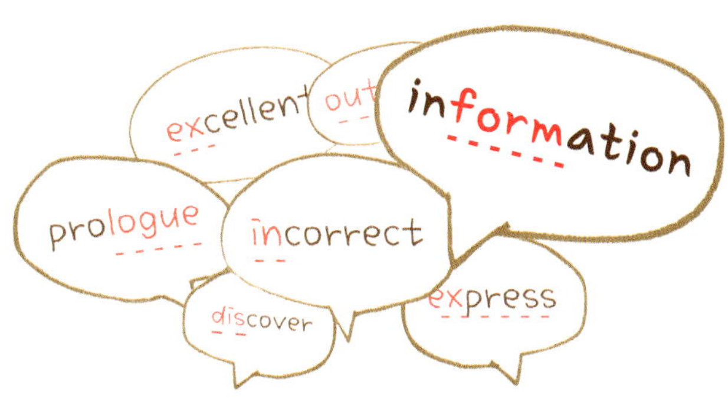

excellent
out
information
prologue
incorrect
discover
express

unicorn

lifecycle
overeat
kilogram

아이들에게
『공부가 되는 저절로 영단어』가
좋은 이유

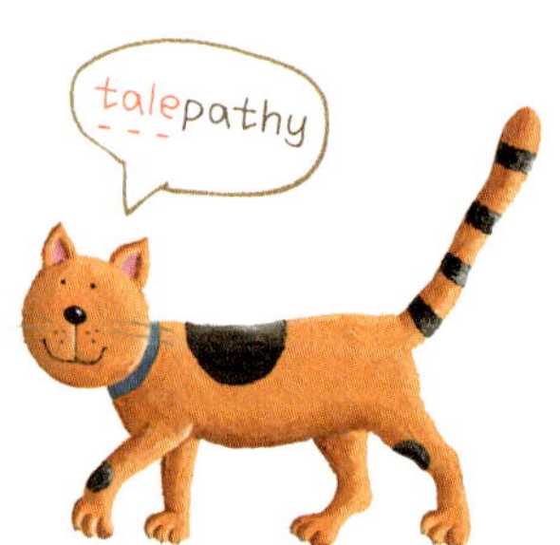

1 고기 잡는 법을 알려주는 영어 책

우리는 영어라고 하면 어렵다는 생각부터 먼저 합니다. 영어는 무조건 외워야 한다는 부담감이 자리 잡고 있는 것이 하나의 이유입니다. 하지만 모든 언어가 그렇듯이 언어 자체는 아주 자연스럽고 매우 쉬운 것입니다. 단지 우리가 좀 더 손쉬운 방법을 모르고 어렵고 힘들게 공부를 하고 있을 뿐입니다. 영어도 다른 언어와 다를 바가 없습니다. 그래서 이 책은 영어라는 고기 잡는 법을 알려주어 우리 아이들이 쉽고 재미있게 영어를 정복하는 데 도움을 주는 것이 목적입니다. 이 책 속에는 영어라는 고기를 잡는 방법이 듬뿍 담겨 있습니다.

2 영어에 재미를 붙여주는 〈저절로 영단어〉

이 책은 책 속의 이야기가 궁금해서 읽다 보면 저절로 영단어의 원리를 알도록 구성하였습니다. 모든 언어는 그 나라의 역사 속에서 하나의 말이 만들어지는 많은 에피소드를 함께 담고 있습니다. 예를 들면 남을 따라다니는 파파라치나 먹을거리인 샌드위치 등은 재미있는 에피소드를 남기면서 하나의 단어가 되었습니다. 이런 에피소드를 읽다 보면 굳이 힘들여 단어를 외우지 않아도 저절로 그 뜻을 알게 되고 그 뜻을 알게 되면 저절로 영단어가 익혀집니다. 영어에 흥미가 없는 아이라도 이 책만큼은 쉽게 재미를 붙일 수 있습니다.

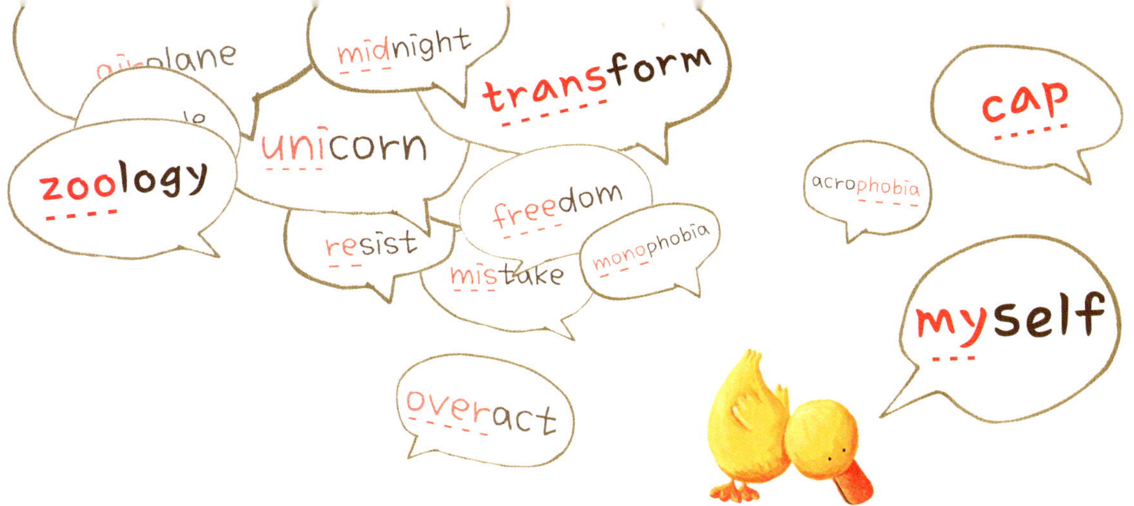

3 하나를 알면 열을 깨치는 영단어 원리

이 책은 영어에 대한 흥미와 재미를 주는 것뿐만 아니라 자연스럽게 그 실력도 높일 수 있습니다. 재미로 읽다 보면 저절로 영단어가 만들어지는 원리를 깨치게 되는 것이지요. 영단어 원리는 대부분 영어의 뿌리가 되는 어근에서부터 시작합니다. 그래서 영어에서 어근을 중심으로 공부하는 것이 한 단어를 알면 열 단어를 깨칠 수 있는 지름길입니다. 예를 들면 **tele-**를 알면 **television, telephone** 등의 원리를 쉽게 알 수 있는 것과 같은 이치입니다. 원리를 알면 수많은 단어에 담긴 의미를 유추해 낼 수 있는 힘이 생겨서 하나를 알면 열을 깨칠 수 있는 것입니다.

4 공부의 즐거움을 깨치는 〈공부가 되는〉 시리즈

〈공부가 되는〉 시리즈는 공부라면 지겹게만 여기는 우리 아이들에게 "아, 공부가 이렇게 즐거운 것이구나!" 하는 것을 깨쳐 주면서 아울러 궁금한 것이 많은 우리 아이들의 지적 호기심도 동시에 해결해 주는 시리즈입니다. 공부의 맛과 재미는 탄탄한 기초 교양의 주춧돌 위에 세워질 때 그 효과가 배가됩니다. 그리고 그 기초 교양은 우리 아이들이 학습에서 자기 주도적 능력을 내는 데 큰 밑거름이 됩니다. 『공부가 되는 저절로 영단어』는 우리말 책을 읽듯이 한 번만 읽어도 영어에 대한 원리를 저절로 터득하도록 하여 손쉽게 영단어의 원리를 깨칠 수 있도록 만들었습니다. 부디 우리 아이들이 『공부가 되는 저절로 영단어』를 통하여 영어에 대한 자신감과 실력을 함께 기르기를 바랍니다.

지동설을 밝혀낸 멀리(Tele-) 보는 망원경

갈릴레오 갈릴레이

1979년 가톨릭 로마 교황청은 350여 년 전 갈릴레오 갈릴레이가 지동설을 주장을 했다는 이유로 그에게 유죄 선고를 내린 것에 대해 사과했어요. 당시 갈릴레오 갈릴레이는 지동설을 주장했다는 이유로 화형을 당할 뻔했어요. 교황청에서 화형을 면하고 돌아 나오면서 '그래도 지구는 돈다'는 말을 한 것으로 아주 유명하지요. 갈릴레오 갈릴레이가 지동설을 밝혀 내는데 결정적인 역할을 한 것은 망원경이었어요. 지동설을 확신하고 있었지만 천체를 관찰하기에는 두 눈으로는 역부족이었어요. 그러던 어느 날 갈릴레오 갈릴레이는 망원경 발명 소식을 듣고는 한걸음에 달려가 그 원리를 배워 천체 망원경을 직접 만들었어요. 망원경이야말로 지동설을 증명한 결정적인 도구였어요. 이런 망원경을 영어로는 텔레스코프(telescope)라고 하는데 그 뜻을 풀이해 보면 tele(멀리)+scope(도구, 기구)로 나누어져요. 그러니까 영어에서 텔레(tele-)는 '멀리'라는 뜻을 담고 있어요. 텔레tele-가 들어가 만들어진 말을 알아보면 다음과 같아요.

멀리라는 뜻을 담고 있는 tele-

- **tele**phone

  [téləfòun] **전화**
  멀리tele 있는 소리phone를 전달하는 것이니 전화

- **tele**vision

  [téləviʒən] **텔레비전**
  멀리tele 있어도 보는vision 것이니 텔레비전

- **tele**scope

  [téləskòup] **망원경**
  멀리tele 있는 것을 볼 때 사용하는 기구scope이니 망원경

- **tele**pathy

  [telépəθi] **텔레파시**
  멀리tele 있는 사람이라도 서로 통하는 감정pathy이니 텔레파시

- **tele**gram

  [téligræm] **전보, 전신**
  전기 통신을 이용하여 멀리 떨어진tele 곳에
  문서gram를 보내는 것이니 전보, 전신

- **tele**banking

  [téləbæŋkiŋ] **텔레뱅킹**
  은행에서 멀리tele 있어도 컴퓨터나 전화 등으로
  은행banking 거래를 하는 것이니 텔레뱅킹

- **tele**text

  [télətèkst] **문자방송, 텔레텍스트**
  멀리tele 있어도 문자text를 보낼 수 있으니 문자방송, 텔레텍스트

telephone
[téləfòun] **전화**
Call him on the telephone.
그에게 전화를 거시오.

television
[téləviʒən] **텔레비전**
I watch television every evening.
나는 매일 저녁 텔레비전을 시청한다.

teletext
[télətèkst] **문자방송, 텔레텍스트**
See if the results are on teletext.
텔레텍스에 결과가 나오는지 한번 보세요.

telescope
[téləskòup] **망원경**
Um, you'll need a telescope.
망원경이 필요할 거야.

telebanking
[téləbæŋkiŋ] **텔레뱅킹**
I had a home computer telebanking.
나는 집에서 컴퓨터로 텔레뱅킹을 했다.

telepathy
[télépəθi] **텔레파시**
I think using telepathy would be fun!
텔레파시를 쓰는 것은 신날 것 같아!

telegram
[téligræm] **전보, 전신**
Please send this message by telegram.
이 메시지를 전보로 보내주세요.

✔ ☐ 전화기   *telephone*

☐ 텔레비전

☐ 망원경

☐ 텔레파시

☐ 전보, 전신

☐ 텔레뱅킹

☐ 문자방송

Sandwich (샌드위치)

우리가 즐겨 먹는 음식인 샌드위치(Sandwich)는 영국 사람의 이름에서 유래되었어요. 18세기 영국에 샌드위치 백작이 살고 있었는데 이 백작은 카드놀이를 무지하게 좋아했어요. 그래서 카드놀이를 할 때마다 식사 시간조차 아까워서 늘 간편하게 끼니를 때우곤 했어요. 그러다가 식사도 하면서 카드놀이도 하는 방법을 고민했어요. 그래서 샌드위치 백작은 빵 가운데를 자르고 그 속에 채소와 베이컨 조각을 넣어 만든 샌드위치(Sandwich)를 먹으면서 카드놀이를 했어요. 이런 샌드위치 백작의 모습을 보고 다른 귀족들도 따라 하기 시작했고 이때부터 사람들은 이 빵을 샌드위치(sandwich)라고 불렀어요

베토벤의 소리 (-phon), 교향곡을 들어 봐!

루드비히 판 베토벤

"이 젊은이를 눈여겨보라! 머지않아 세상을 향해 천둥을 울릴 날이 올 것이다!"

어느 날 모차르트가 베토벤의 피아노 연주를 듣고 한 말이에요. 하지만 무슨 운명의 장난인지 위대한 음악가 베토벤은 스물여섯 살 때 귓병을 앓게 되었어요. 그래서 청각 장애가 왔지만 베토벤은 이런 청각 장애를 딛고 너무나 유명한 〈전원〉, 〈운명〉, 〈합창〉 등의 교향곡을 작곡했어요. 교향곡이란 관악기, 현악기 및 타악기가 함께 어우러져 연주하는 음악을 말해요. 교향곡은 영어로 심포니(symphony)라고 하는데 여기서 심(sym-)은 함께 라는 뜻이에요. 바로 관악기, 현악기, 타악기가 함께 연주되기 때문이지요. 그리고 포니(-phony)중 폰(phon)은 '소리'라는 뜻이 있어요. 그러니까 교향곡, 즉 심포니(symphony)는 '함께 내는 소리'라는 의미예요. 영어에서 소리라는 뜻을 가진 폰(phon)으로 이루어진 낱말들은 우리에게 익숙한 것이 아주 많아요. 대표적인 낱말이 바로 텔레폰(telephone)이에요.

- **head**phone

  [hédfòun] **헤드폰**
  머리**head**에 쓰고 소리**phone**를 들으니 헤드폰

- **ear**phone

  [íərfòun] **이어폰**
  귀**ear**에 꽂아 소리**phone**를 듣는 것이니 이어폰

- mega**phone**

  [mégəfòun] **메가폰, 확성기**
  크게**mega** 소리**phone**를 들을 수 있는 것이니 메가폰, 확성기

- sym**phon**y

  [símfəni] **교향곡, 심포니**
  함께**sym** 잘 어울려 여러 소리**phone**가 나는 음악이니 교향곡, 심포니

- cordless **phone**

  [kɔ́:rdlis fòun] **무선 전화기**
  선**cord**이 없이**less** 내는 소리**phone**니 무선 전화기

headphone
[hédfòun] **헤드폰**

Something is wrong with the headphones.
헤드폰이 고장 났습니다.

megaphone
[mégəfòun] **메가폰, 확성기**

The tour guide is speaking through a megaphone.
여행 안내인은 확성기를 통해 말하고 있다.

earphone
[íərfòun] **이어폰**

Here, use the earphone.
자, 이어폰을 써.

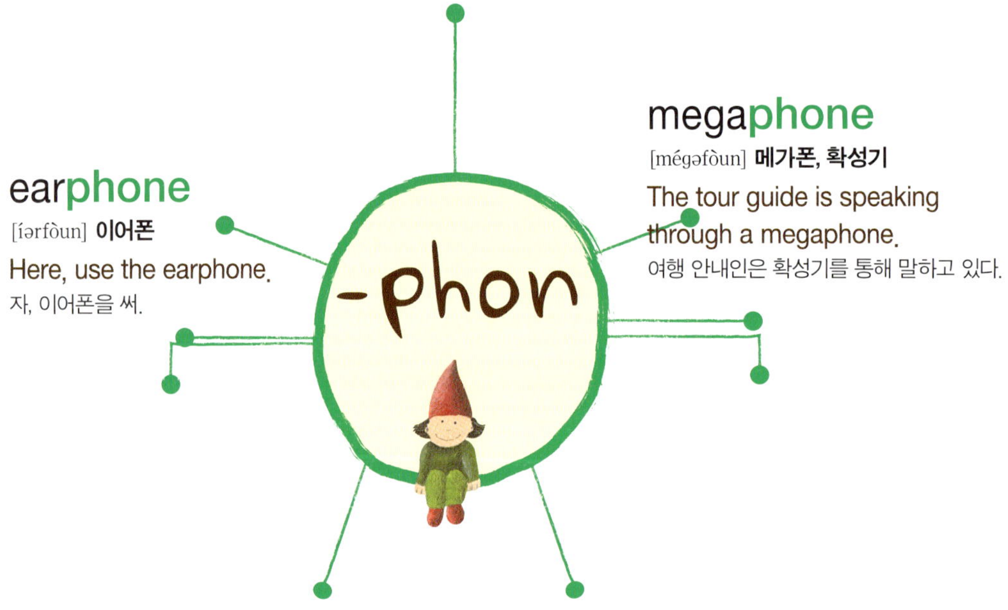

symphony
[símfəni] **교향곡, 심포니**

A symphony usually has four movements.
교향곡은 대개 4악장으로 되어 있다.

cordless phone
[kɔ́:rdlis fòun] **무선 전화기**

The man is using a cordless phone.
남자가 무선 전화기를 사용하고 있다.

✔ 헤드폰   headphone
____

☐ 이어폰 _______________________________

☐ 메가폰 _______________________________

☐ 교향곡 _______________________________

☐ 무선 전화기 _______________________________

메아리, Echo (에코)

우리말로 메아리는 산울림이라고도 하는데 산이나 골짜기에서 소리를 지르면 다른 산에 부딪혀 되놀아오는 현상을 말해요. 옛날에는 메아리가 모습이나 감각이 없어 요정이나 신령 때문에 난다고 생각했어요. 영어로 메아리인 에코(echo)는 그리스로마 신화에 등장하는 숲의 요정 에코의 이름에서 나온 말이에요.

어느날 제우스가 바람 피우는 것을 눈치 챈 헤라는 그의 뒤를 쫓고 있었어요. 그때 요정 에코가 나타나 헤라에게 계속 말을 시켜 헤라는 제우스를 놓치고 말았어요. 화가 난 헤라는 에코에게 다른 사람의 말만 따라하는 무서운 벌을 내렸어요. 그 후 에코는 다시는 자신이 하고 싶은 말은 할 수가 없고 다른 사람의 말만 따라하게 되었어요. 그래서 메아리를 영어로 에코(echo)라고 부르게 되었어요.

셰익스피어의 한(mid-)여름 밤의 꿈

윌리엄 셰익스피어

셰익스피어는 영국이 낳은 세계적인 문학가예요. 특히 4대 비극이라 불리는 「햄릿」, 「오셀로」, 「맥베스」, 「리어왕」으로 아주 유명하지요. 그리고 「로미오와 줄리엣」은 비록 4대 비극에는 들지 않지만 청춘 남녀의 슬프고도 아름다운 사랑으로 우리에게 가장 많이 알려져 있어요. 이것뿐만 아니라 다른 훌륭한 작품들도 아주 많은데 그중에 1595년에 발표한 「한여름 밤의 꿈」이라는 작품도 있어요. 한여름을 영어로는 미드서머(midsummer)라고 하는데 이 중에 미드(mid-)는 가운데라는 뜻이에요. 그래서 미드서머(midsummer)는 한여름이 되는 거예요. 가운데 라는 뜻인 미드(mid-)는 여러 낱말과 어울려 많은 낱말을 만들어요.

- **mid**dle
  [mídl] **중간, 가운데**
  가운데 mid라는 뜻이니 중간, 가운데

- **mid**night
  [mídnàit] **밤 12시, 한밤중**
  밤night의 중간mid에 있으니 밤 12시, 한밤중

- **mid**way
  [mídwéi] **중도의, 중간쯤에**
  길way의 중간mid에 있으니 중도의, 중간쯤에

- **mid**summer
  [mídsʌ́mər] **한여름**
  여름summer의 한가운데mid 이니 한여름

- **mid**day
  [míddèi] **정오, 한낮**
  가운데mid 있는 하루day이니 정오 혹은 한낮

- **mid**dle school
  [mídl skúːl] **중학교**
  가운데middle 학교school이니 중학교

middle
[mídl] **중간, 가운데**

Actually, I'm in the middle of the desert.
실은, 지금 사막 한 가운데야.

midnight
[mídnàit] **밤 12시, 한밤중**

I went to sleep at midnight last night.
어젯밤에 12시에 잤어.

midway
[mídwéi] **중도의, 중간쯤에**

You´ll run out of steam midway.
너는 도중에 힘이 빠져 버릴 것이다.

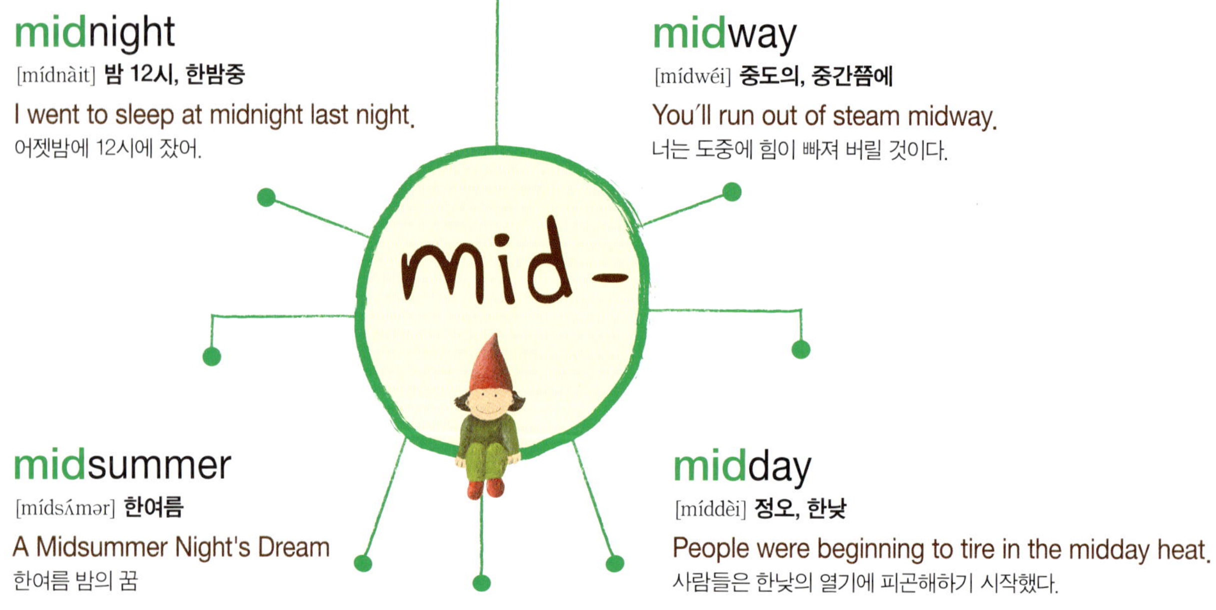

midsummer
[mídsʌ́mər] **한여름**

A Midsummer Night's Dream
한여름 밤의 꿈

midday
[míddèi] **정오, 한낮**

People were beginning to tire in the midday heat.
사람들은 한낮의 열기에 피곤해하기 시작했다.

middle school
[mídl skú:l] **중학교**

I am teaching English at a girls' middle school.
나는 한 여자 중학교에서 영어를 가르치고 있다.

✔ 중간, 가운데   middle

☐ 한밤중

☐ 중간쯤에

☐ 한여름

☐ 정오

☐ 중학교

Utopia (유토피아)

유토피아(utopia)는 아무 데도 존재하지 않는 이상의 니리, 즉 이상향을 말해요. 동양에서는 이런 유토피아(utopia)를 무릉도원이라고 해요. 원래 유토피아(utopia)는 1516년 토머스 모어가 쓴 소설 제목이에요. 토머스 모어는 자신의 소설 제목을 지으면서 그리스어로 '어디에도 없는' 과 '장소' 라는 두 말을 결합하여 『유토피아』 라고 소설 제목을 지었어요. 이후로 유토피아(utopia)는 이상향을 나타내는 말이 되었어요.

04

워싱턴에 있는 링컨 기념관 (memo-)

에이브러햄 링컨

"국민의, 국민에 의한, 국민을 위한 정부는 지상에서 영원히 사라지지 않을 것입니다."

이 말은 1863년 11월 19일 미국 게티즈버그의 추모집회에서 링컨이 한 연설의 일부분이에요. 이 한 마디는 민주주의가 무엇인지를 우리에게 아주 잘 설명하고 있어요. 미국의 제16대 대통령 링컨은 남북 전쟁에서 승리하면서 미국 노예를 해방시킨 대통령이에요. 그래서인지 미국 역사상 가장 훌륭한 대통령 중의 한 사람으로 손꼽히고 있어요. 알려진 바에 따르면 링컨은 『톰 아저씨의 오두막』이란 책을 읽고 노예 해방을 결심했다고 해요. 이런 링컨을 기리는 링컨 대통령 기념관은 미국의 수도 워싱턴에 있어요. 기념관을 영어로 메모리얼(**memorial**)이라고 하는데 여기서 메모(**mem(o)-**)는 잊지 않고 '기억하다'는 뜻이 있어요. 그래서 기억하는 곳이 바로 기념관인 것이에요.

- **memo**rial   [məmɔ́:riəl] **기념비, 기념물, 기념관**
기념이나 기억**memo**해야 할 것이 있는 곳이니 기념비, 기념물, 기념관

- **memo**ry   [mém);ri] **기억**
메모**memo**하고 있으니 기억

- **memo**rize   [méməràiz] **암기하다**
기억**memo** 하게 하니**ize** 암기하다

- re**mem**ber   [rimémbər] **기억하다**
다시**re** 기억**memo**하니 기억하다

- **memo**rable   [mémərəbl] **기억할 만 한, 기억에 남는**
기억**memo**할 만 한 **able** 것이니 기억할 만 한, 기억에 남는

- **memo**randum   [mèmərǽndəm] **비망록, 각서, 메모**
기억**memo**하기 위해 적어두는 곳**randum**이니 비망록, 각서, 메모

memorial
[məmɔ́:riəl] **기념비, 기념물, 기념관**
The Independence Memorial Hall was built in 1987.
독립 기념관은 1987년에 건립되었다.

memory
[mémɔri] **기억**
The accident is still green in my memory.
그 사고는 아직도 내 기억에 생생하다.

memorize
[mémɔràiz] **암기하다**
Memorize a poem as a homework.
숙제로 시 한 편을 암기하다.

memo-

remember
[rimémbər] **기억하다**
I remember her as a young girl.
나는 그녀를 어린 소녀로 기억하고 있다.

memorable
[mémɔrəbl] **기억할 만 한, 기억에 남는**
Is there a memorable performance for you?
기억에 남는 공연이 있습니까?

memorandum
[mèmɔrǽndəm] **비망록, 각서, 메모**
To whom is the memorandum directed?
이 메모는 누구에게 쓴 것인가?

✔ ☑ 기념관　memorial

☐ 기억

☐ 암기하다

☐ 기억하다

☐ 기억할 만 한

☐ 비망록

Pickle (피클)

피클(pickle)은 우리나라의 오이지와 비슷하게 생긴 서양 식품을 말해요. 햄버거 사이에 넣어 먹기도 하고 피자 등을 먹을 때도 우리 음식의 반찬처럼 곁들여 먹는 거예요. 우리나라 오이지보다는 덜 짜고 맛은 새콤달콤한 편이에요. 이 피클(pickle)은 약 500년 전 네덜란드에서 생선을 절이던 피클이라는 사람이 만들기 시작하면서 오늘날까지 피클(pickle)로 불리고 있다고 해요.

05

내 인생의 바이오(bio-)리듬

바이오리듬(**biorhythm**)이란 인간의 행동에 영향을 주는 인체 내 작용의 변화 주기를 말해요. 이 바이오리듬은 1906년 독일의 의사인 프리즈가 만든 이론에 그 바탕을 두고 있어요. 프리즈는 모든 사람은 출생일을 기준으로 신체는 23일, 감성은 28일, 지성은 33일의 주기를 가지고 상승 또는 저조의 변화를 보인다고 주장했어요.

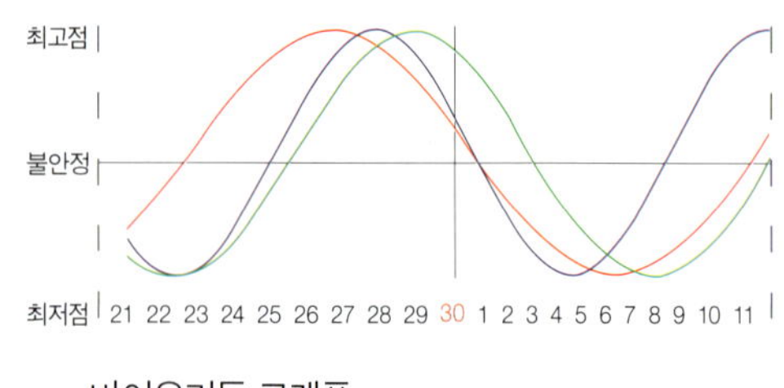

바이오리듬 그래프

우리말로는 생물주기 혹은 체내 시계라고도 하는데 보통 이 일정에 따라 주기의 초와 중간을 이상이 발생하기 쉬운 날로 본다고 해요. 오늘날 바이오리듬은 개인의 건강을 위한 일상생활에 활용하고 있고 또 산업 현장에서도 사고를 예방하는 차원에서 활용하고 있어요. 영어 바이오리듬(**biorhythm**)에서 바이오(**bio-**)는 '생명'이라는 뜻을 담고 있어요.

생명이라는 뜻을 담고 있는 bio-

- **bio**logy   [baiáləʤi] **생물학**
생물bio을 공부하는 학문logy이니 생물학

- **bio**logist   [baiáləʤist] **생물학자**
생물학biology을 연구하는 사람ist이니 생물학자

- **bio**graphy   [baiágrəfi] **전기, 일대기**
한 사람의 일생bio을 기록한graph 것이니 전기 혹은 일대기

- **bio**rhythm   [báiourìðm] **생체 리듬, 주기**
생체bio 리듬, 주기rhythm이니 생체 리듬, 주기

- **bio**technology   [bàiouteknáləʤi] **생명 공학**
생명bio에 관한 기술technology이니 생명 공학

biology
[baiálədʒi] **생물학**
We have biology class together.
우린 생물 수업을 같이 들어.

biologist
[baiálədʒist] **생물학자**
I hope to become a biologist in the future.
난 나중에 생물학자가 되고 싶어.

biography
[baiágrəfi] **전기, 일대기**
I read a biography of King Sejong.
나는 세종대왕의 전기를 읽었다.

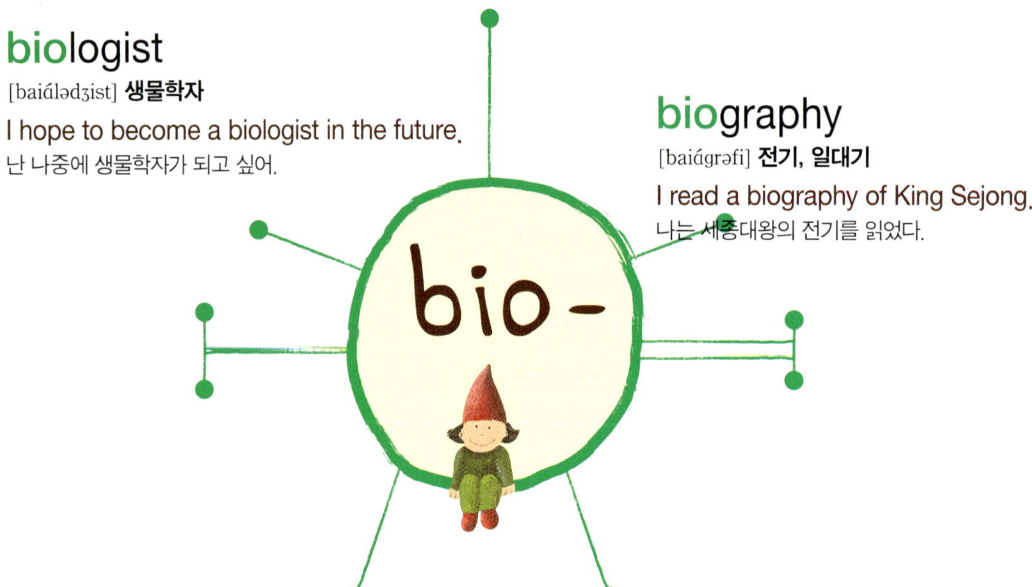

biorhythm
[báiourìðm] **생체 리듬, 주기**
This is because of your natural biorhythms.
이것은 자연적인 생체 리듬 때문입니다.

biotechnology
[bàiouteknálədʒi] **생명 공학**
Biotechnology has an excellent safety record.
생명 공학은 훌륭한 안전 기록을 하고 있습니다.

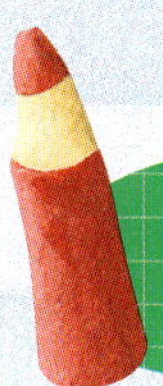

✔ 생물학 biology

☐ 생물학자

☐ 전기

☐ 생체 리듬

☐ 생명 공학

수선화, Narcissus (나르시서스)

영어로 나르시서스(narcissus)인 수선화는 그리스로마 신화의 나르시스라는 청년의 이름에서 유래되었어요. 나르시스는 어느 날 연못 속에 비친 자기 얼굴에 반해 물에 빠져 죽고 말았어요. 그리고 그가 죽은 자리에 꽃이 피었는데 그 꽃의 이름이 바로 나르시서스(narcissus), 즉 수선화였어요. 그래서 수선화의 꽃말도 자기를 사랑하다 숨을 거둔 청년에 빗대어 '자기애'인데 영어로는 나르시시즘(narcissism)이라고 해요. 나르시시즘(narcissism)이라는 말이 널리 알려진 것은 정신분석학자 프로이트가 이 말을 정신 분석 용어로 사용하면서부터예요. 자신의 외모나 능력 같은 것들에 주관적 이유를 들어 지나치게 뛰어나다고 믿으면서 헤어 나오지 못하는 자기중심적 생각을 나르시시즘(narcissism)이라고 해요.

06

봄이 오면 누구나 밖으로 (out-) 나가고 싶어

밖으로 나들이 나온 가족

야외 활동을 하기 힘든 겨울이 지나고 봄이 오면 사람들은 산으로 들로 나들이를 나가요. 또한 겨우내 숨죽였던 풀과 나무들도 푸른 잎과 싹을 밖으로 내밀고 꽃들도 피게 되지요. 꽃들과 어우러진 화사한 봄 날씨는 사람들의 마음을 설레게 만드는데 남자보다는 여자들의 마음을 더 설레게 한다고 봄을 '여자의 계절'이라고 해요. 그래서 그런지 여자들은 다른 어느 계절보다도 화사하고 멋진 옷으로 치장하고 야외로 나들이를 나가는 경우가 많아요. 영어로 야외의 뜻을 가진 것이 아웃도어(**outdoor**)인데 문밖이라는 의미지요. 즉 영어 아웃(**out-**)은 바로 '밖으로, 밖에'라는 뜻이 있어요.

- **out**side
  [áutsáid] **외부, 바깥쪽**
  바깥**out** 쪽**side**에 있으니 외부, 바깥쪽

- **out**come
  [áutkʌ́m] **결과, 성과**
  어떤 행동이나 과정을 통해 마지막에 밖으로**out** 나오는**come** 것이니
  결과나 성과

- **out**door
  [áutdɔ́ːr] **옥외의, 야외의**
  문**door** 밖의**out** 뜻이니 야외의, 옥외의

- **out**look
  [áutlùk] **조망, 경치, 전망**
  밖으로**out** 내다보는**look** 것이니 조망, 경치, 전망

- **out**put
  [áutpùt] **생산, 생산량**
  만들어서 밖으로**out** 내놓는**put** 것이니 생산 혹은 생산량

- **out**going
  [áutgòuiŋ] **외향적인, 사교적인**
  밖으로**out** 나가는**going** 성격이니 외향적인, 사교적인

- **out**standing
  [àutstǽndiŋ] **눈에 띄는, 뛰어난**
  밖으로**out** 나와 서 있는 것**standing**이니 눈에 띄는 혹은 뛰어난

outside
[áutsáid] **외부, 바깥쪽**
We'll step outside for a minute.
저흰 잠시 밖에 나갔다 오겠습니다.

outcome
[áutkʌ́m] **결과, 성과**
Their opinions are reflected in the outcome.
그들의 의견은 결과에 반영되었다.

outdoor
[áutdɔ́:r] **옥외의, 야외의**
A woman at an outdoor table is reading.
옥외 테이블에 앉아 있는 여자가 뭔가 읽고 있다.

out-

outlook
[áutlùk] **조망, 경치, 전망**
The outlook for the future is bright.
앞으로의 전망은 밝다.

output
[áutpùt] **생산, 생산량**
The man is stepping up his output.
남자는 자신의 생산량을 늘리고 있다.

outgoing
[áutgòuiŋ] **외향적인, 사교적인**
I am a very outgoing person.
나는 매우 외향적인 사람이야.

outstanding
[àutstǽndiŋ] **눈에 띄는, 뛰어난**
He is an outstanding baseball pitcher.
그는 뛰어난 투수이다.

✔ 바깥쪽   outside

□ 결과

□ 야외의

□ 전망

□ 생산량

□ 외향적인

□ 뛰어난

Boycott (보이콧)

보이콧(boycott)은 어떤 일을 집단적으로 거부하는 일이나 특정한 제품에 대해 불매 운동을 하면서 생산자에게 압박을 넣는 일 등을 가리키는 말이에요.

영국이 아일랜드를 지배하고 있을 때였어요. 보이콧이란 영국인이 아일랜드 소작농의 관리인으로 부임했지만 아일랜드 사람들은 소작료 인하 투쟁을 위해 관리인인 보이콧에게 대항하면서 음식도 주지 않고 고립을 시켰어요. 이에 보이콧은 굶어 죽을 상황까지 되었고 영국군이 출동한 끝에야 그를 구해낼 수 있었어요. 이후 보이콧(boycott)은 위와 같은 뜻으로 자연스럽게 사용되고 있어요.

07

해리 포터로 대박을 낸 엄청난 작가(-er, -or, -ist)

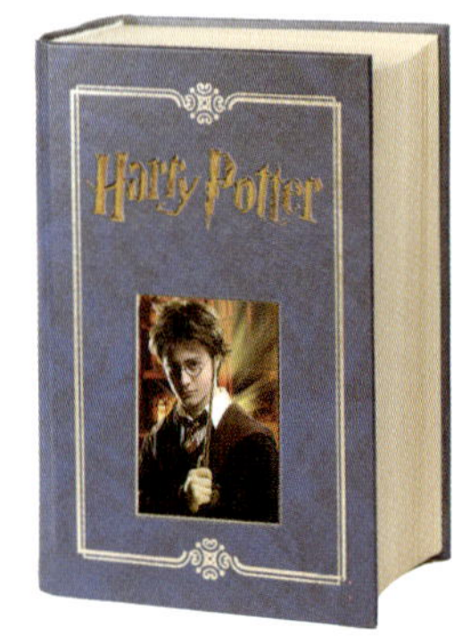

영국에서 출간된 해리 포터

영국의 작가 조앤. K. 롤링이 쓴 〈해리 포터〉 시리즈는 전 세계 120여 개의 나라에서 1억 권이 넘게 팔렸어요. 그녀는 〈해리 포터〉 시리즈 하나로 세계에서 가장 성공한 여성 중 한 사람이 되었어요. 하지만 전 세계 어린이들에게 사랑받는 이 시리즈를 쓸 때 그녀는 정말 가난했어요. 하나밖에 없는 아이를 키울 돈도 없어서 일주일에 우리 돈으로 15,000원 정도의 정부에서 주는 보조금으로 근근이 생활할 정도였어요. 그래도 그녀는 작가로서 자신의 꿈을 포기하지 않고 해리 포터를 완성했고 마침내 세계에서 가장 성공한 작가가 되었어요. 영어로 작가는 라이터(**writer**)라고 하는데 뭔가를 쓰는 사람이라는 뜻이에요. 영어에서는 '전문적으로 일하는 사람'을 표현할 때 단어에 **-er, -or, -ist**를 붙여요.

- writ**er**

[ráitər] **작가**
글을 쓰는write 사람er이니 작가

- teach**er**

[tíːtʃər] **선생님, 교사**
가르치는teach 사람er이니 선생님, 교사

- help**er**

[hélpər] **조수, 협력자, 후원자**
도와주는help 사람er이니 후원자, 협력자, 조수

- act**or**

[ǽktər] **배우**
연기act하는 사람or이니 배우

- translat**or**

[trænsléitər] **번역가, 통역사**
번역translate하는 사람or이니 번역가나 통역사

- scient**ist**

[sáiəntist] **과학자**
과학scient 하는 사람ist이니 과학자

- pian**ist**

[piǽnist] **피아노 연주자, 피아니스트**
피아노pian 연주하는 사람ist이니 피아니스트

- dent**ist**

[déntist] **치과의사**
이dent를 치료하는 ist사람이니 치과의사

- **eraser**
  [iréisər] **지우개**
  지우는**erase**데 사용하는 것**er**이니 지우개

- **printer**
  [príntər] **인쇄기, 프린터**
  인쇄하는**print** 데 사용하는 것**er**이니 인쇄기, 프린터

- **dryer**
  [dráiər] **건조기, 드라이어**
  말리는**dry** 데 사용하는 것**er**이니 건조기, 드라이어

- **calculator**
  [kǽlkjulèitər] **계산기**
  계산하는**calculate**데 사용하는 것**or**이니 계산기

- **refrigerator**
  [rifrídʒərèitər] **냉장고**
  냉장하는데**refrigerate** 사용하는 것**or**이니 냉장고

38

-er, -or, -ist로 영어 그물 짜기

writer
[ráitər] **작가**
She wants to be a writer.
그녀는 작가가 되기를 원한다.

teacher
[tí:tʃər] **선생님, 교사**
He is an excellent teacher.
그는 뛰어난 선생님이다.

helper
[hélpər] **조수, 협력자, 후원자**
She is a great helper!
그녀는 대단한 조수입니다!

translator
[trænsléitər] **번역가, 통역사**
Let's get a translator in here.
통역사를 불러와.

-er
-or
-ist

actor
[ǽktər] **배우**
I decided to be an actor when I was 15.
열다섯 살 때 배우가 되기로 결심했어요.

pianist
[piǽnist] **피아노 연주자, 피아니스트**
Her sister is a jazz pianist.
그녀의 동생은 재즈 피아니스트이디.

scientist
[sáiəntist] **과학자**
My dream is to become a scientist.
내 꿈은 과학자가 되는 것이다.

dentist
[déntist] **치과의사**
The dentist pulled out the girl's tooth.
그 치과의사가 소녀의 이를 뽑았다.

printer
[príntər] **인쇄기, 프린터**
I had a problem with my printer.
나의 인쇄기에 문제가 있었다.

calculator
[kǽlkjulèitər] **계산기**
The eraser is on the calculator.
지우개는 계산기 위에 있다.

eraser
[iréisər] **지우개**
Can I borrow your eraser for a moment?
지우개 좀 잠깐 빌릴 수 있을까요?

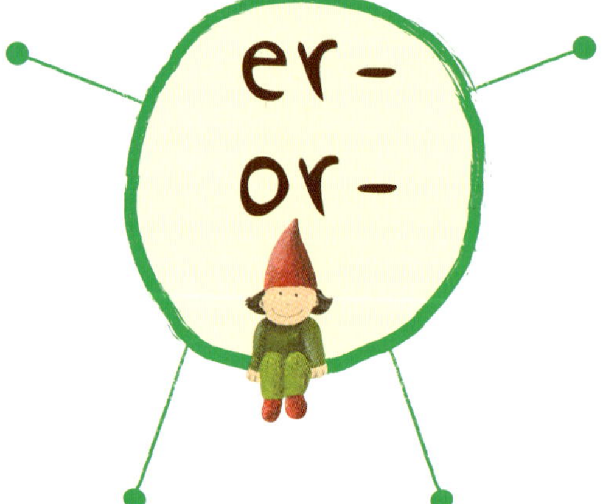

dryer
[dráiər] **건조기, 드라이어**
The dryer is off.
드라이어가 꺼져 있다.

refrigerator
[rifrídʒərèitər] **냉장고**
There's juice and milk in the refrigerator.
냉장고에 주스랑 우유 있어.

Reading & Writing

✔ 작가   writer

☐ 선생님

☐ 조수

☐ 배우

☐ 번역가

☐ 과학자

☐ 피아노 연주자

☐ 치과의사

☐ 지우개

☐ 인쇄기

☐ 건조기

☐ 계산기

☐ 냉장고

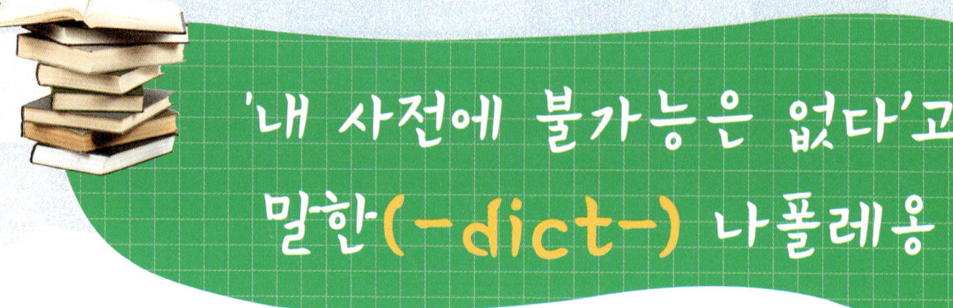

08

"내 사전에 불가능이란 없다."

나폴레옹

어떤 일을 하더라도 미리 포기하지 말라는 도전 정신을 일깨워주는 것으로 프랑스의 영웅 나폴레옹이 한 말이에요. 나폴레옹은 프랑스의 외딴 섬 코르시카에서 태어났지만 군사학교를 졸업하고 뛰어난 능력으로 프랑스의 영웅이 되었어요. 30대 초반에 프랑스 황제가 되어 유럽의 절반을 제패하면서 오늘날 프랑스를 만드는데 엄청난 영향을 끼친 인물이에요. 하지만 나중에 러시아원정 실패로 엘바 섬에 유배되었고 다시 탈출에 성공하여 재기를 노렸지만 워털루전투에 패배하여 세인트 헬레나 섬에 유배되었다가 그곳에서 생을 마감했어요. 영어로 사전은 딕셔너리(**dictionary**)라 하는데. 여기서 딕트는(**-dict-**)는 '말하다'라는 뜻을 가지고 있어요.

- **predict** [pridíkt] **예언하다**
  미리pre 말하다dict 이니 예언하다

- **prediction** [pridíkʃən] **예언, 예측**
  미리pre 말하는 것diction 이니 예언, 예측

- **diction** [díkʃən] **어법, 말씨**
  말하는dict 방법이니 어법, 말씨

- **dictionary** [díkʃənèri] **사전**
  말하는 방법 즉 어법diction을 정리한 것이니 사전

- **dictate** [díkteit] **구술하다**
  말로 불러주어 받아쓰게dictate 하니 구술하다

- **dictation** [diktéiʃən] **받아쓰기**
  말로 불러주어 받아쓰게dictation 하니 받아 쓰기

- **dictator** [díkteitər] **구술자, 독재자**
  말해서 받아쓰게 dictate하는 사람or 이니 구술자, 독재자

predict
[pridíkt] **예언하다**
It is impossible to predict the future.
미래를 예견하는 것은 불가능하다.

prediction
[pridíkʃən] **예언, 예측**
His prediction has come true.
그의 예언은 사실이 되었다.

diction
[díkʃən] **어법, 말씨**
Her diction is always very clear.
그녀의 말씨는 언제나 아주 분명하다.

dictionary
[díkʃənèri] **사전**
The word impossible is not in my dictionary.
내 사전에 불가능이란 없다

dictate
[díkteit] **구술하다**
He dictated his speech to his secretary.
그는 연설을 비서에게 구술하였다.

dictation
[diktéiʃən] **받아쓰기**
He gave dictation to the boy.
그는 그 소년에게 받아쓰기를 시켰다.

dictator
[díkteitər] **구술자, 독재자**
He was a dictator and had many enemies.
그는 독재자로 적이 많았다.

✔ 예언하다　predict

☐ 예언

☐ 말씨

☐ 사전

☐ 구술하다

☐ 받아쓰기

☐ 독재자

Rival (라이벌)

라이벌(rival)이란 실력으로 서로 경쟁하는 사람을 말해요. 이 말은 원래 강물을 가지고 경쟁한다는 의미를 담고 있어요. 옛날은 농경 사회이니 농사를 지었고 농사에는 물이 절대적으로 중요했어요. 그래서 강(river)을 사이에 두고 양쪽 지역 사람들이 서로 더 많은 물을 차지하기 위해 경쟁을 하면서 라이벌(rival)이란 말이 생겼어요. 그러니까 라이벌(rival)의 어원은 영어로 리버(river), 즉 강을 말해요.

09

천재 감독 스티븐 스필버그의 영화 (mov-, mob-, mot-)

스티븐 스필버그

어느 날 한 소년의 아버지가 카메라를 사왔어요. 그때부터 소년은 카메라를 들고 세상을 마음껏 카메라에 담았어요. 또한 소년은 자기가 생각했던 이야기를 글로 적어 동네 친구들을 모아놓고 영화를 만들기도 했어요. 이렇게 어린 시절부터 항상 카메라를 손에서 놓지 않았던 소년이 바로 〈E.T〉, 〈조스〉, 〈쥐라기 공원〉 등의 영화를 만든 미국의 영화감독 스티븐 스필버그예요. 그의 말에 따르면 자신의 상상력 대부분은 어린 시절의 경험에서 나왔다고 해요. 영화는 영어로 무비(movie)라고 하는데 무비(movie)라고 하는 이유는 바로 그림이 연속해서 아주 빠르게 움직이기 때문에 붙여진 말이에요. 그래서 우리나라도 한때 영화를 활동사진이라고 불렀어요. 영어에서 '움직인다'는 뜻을 담고 있는 낱말은 mov-, mob-, mot-로 시작하는 경우가 많아요.

- **mov**e
  [múːv] **움직이다**
  움직mov이니 움직이다

- **mov**ie
  [múːvi] **영화**
  움직이는mov 사진이니 영화

- **mov**ement
  [múːvmənt] **활동**
  움직이는 movement 것이니 활동

- auto**mob**ile
  [ɔ́ːtəməbìːl] **자동차**
  자동auto으로 mobile 움직이는 차이니 자동차

- **mot**or
  [móutər] **발동기, 모터**
  움직이게moter 해 주는 것or이니 발동기, 모터

- **mot**ion
  [móuʃən] **동작**
  움직이는 동작motion이니 동작

- **mot**ive
  [móutiv] **동기, 모티브**
  움직이게mot 하는 원인이 되는 것ive이니 동기 혹은 모티브

- **mob**ile phone
  [móubəl fóun] **휴대 전화**
  움직이는mob 소리phone이니 휴대 전화

mov-, mob-, mot-로 영어 그물 짜기

move
[mú:v] **움직이다**
Move a little to the right.
오른쪽으로 약간 움직여 주시오.

movie
[mú:vi] **영화**
The man is watching a movie.
남자가 영화를 보고 있다.

movement
[mú:vmənt] **활동**
He is slow in movement.
그는 활동이 둔하다.

automobile
[ɔ́:təməbì:l] **자동차**
New automobiles are on display here.
새 자동차들이 여기에 전시되어 있다.

mov-
mob-
mot-

motor
[móutər] **발동기, 모터**
She can fix that motor easily.
그녀는 그 자동차를 쉽게 고칠 수 있다.

motion
[móuʃən] **동작**
They showed the finish in slow motion.
마지막 장면을 느린 동작으로 보여 주었다.

motive
[móutiv] **동기, 모티브**
Her motives for helping are questionable.
도와주려는 그녀의 동기가 의심스럽다.

mobile phone
[móubəl fóun] **휴대 전화**
I don't even have a mobile phone.
난 심지어 휴대폰도 없어.

Reading & Writing

✓ 움직이다   move

□ 영화

□ 활동

□ 자동차

□ 발동기

□ 동작

□ 동기

□ 휴대 전화

Zipper (지퍼)

지퍼(zipper)는 벌어진 곳을 잠그는 장치예요. 1893년 미국의 저드슨이 군화를 신고 벗을 때 매번 매는 끈의 불편함 때문에 지퍼를 발명하였어요. 그 후 1913년 양복점을 운영하던 기드온 선드백이 오늘날과 같은 형태의 지퍼(zipper)를 만들었어요. 지퍼(zipper)라는 이름은 1923년 미국 제조회사 굿리치에서 덧신에 단 이동 잠금쇠를 지퍼(zipper)라고 부르면서 처음 사용하여 지금까지 이어지고 있어요.

10

어떤 직업이 전망 (vi-, vid-, vis-)이 있을까?

아리스토텔레스

아리스토텔레스는 "인간은 사회적인 동물이다"라고 했어요. 이 말은 사람은 혼자 살아가는 것이 아니라 태어난 그 순간부터 가족 안에서 성장을 시작하여 학교를 거치고 그리고 어른이 되면 제일 큰 집단인 사회로 나오면서 어른이 되는 것이에요. 물론 가족과 학교도 넓은 의미에서 모두 사회의 일부분이에요. 사람에게 제일 큰 형벌이 바로 사회로부터 격리하는 벌이에요. 그래서 잘못을 저지르면 사회로부터 격리하기 위해 교도소로 보내지요. 그리고 사람은 경제적 활동을 통해 사회생활을 하기 때문에 직업을 갖게 되어요. 어떤 직업을 가지느냐는 자신의 사회생활의 비전과 결정적인 관련이 있어요. 어떤 직업이 좋은지 나쁜지는 남의 시선이 중요한 것이 아니라 자신의 적성과 장래 비전이 제일 중요한 것이에요. 영어로 전망을 비전(vision)이라고 하는데 비전(vision)에는 '본다'는 뜻이 담겨 있어요. 영어에 본다는 뜻을 가진 낱말들은 vi-, vid-, vis-로 시작하는 경우가 많아요. 그럼 한 번 살펴 볼까요.

- **vis**ion [víʒən] **시력, 비전**
  보는vison 것은 시력, 비전

- **vid**eo [vídiòu] **영상, 비디오**
  보는video 것이니 영상, 비디오

- **vis**ual [víʒuəl] **시각의**
  눈에 보이는visual 것이니 시각의

- **vis**ible [vízəbl] **명백한**
  눈으로 볼vis 수 있는ible 것이니 명백한

- **vis**it [vízit] **방문하다**
  보게visit 되는 것이니 방문하다

- **vis**a [víːzə] **비자, 사증**
  보여주는visa 것이니 비자, 사증

vision
[víʒən] **시력, 비전**
And I had this vision……
그런데 내가 뭘 봤냐하면……

video
[vídiòu] **영상, 비디오**
Children are crazy
about video games.
아이들은 비디오 게임에 열광적이다.

visual
[víʒuəl] **시각의**
The movie has excellent visual effects.
그 영화는 시각적 효과가 뛰어나다.

visible
[vízəbl] **명백한**
This star is visible even
without a telescope.
이 별은 망원경 없이도 명백하게 보인다.

visit
[vízit] **방문하다**
I visit the U.S. two times a year.
1년에 두 번 꼴로 미국에 가는걸요.

visa
[víːzə] **비자, 사증**
Did you apply for a French visa?
프랑스 비자 신청하셨어요?

Reading & Writing

☑ 비전 vision _______________

☐ 영상 _______________

☐ 시각의 _______________

☐ 명백한 _______________

☐ 방문하다 _______________

☐ 비자 _______________

Europe (유럽)과 europe (에우로페)

유럽(europe)은 그리스로마 신화에서 제우스의 여인인 에우로페(europe)를 영어 발음으로 읽은 것이에요. 제우스는 자신의 여인인 에우로페(europe)를 태우고 크레타 섬으로 날아가서 사랑을 나누었어요. 그래서 에우로페(europe)는 제우스 때문에 크레타 섬에 최초로 발을 디딘 사람이 되었어요. 이때부터 사람들은 그리스 땅을 포함한 대륙을 그녀의 이름을 따서 에우로페(europe)라 부르게 되었어요. 그리고 영어 발음으로는 유럽(europe)이 되었어요.

11

길이를 재다라는 뜻이 담긴 미터(-meter)

미터법을 제일 처음 고안한 나라는 프랑스예요. 1791년 탈레랑이라는 사람의 건의로 프랑스 과학아카데미에서 도량형을 만들기로 했어요. 도량형이란 길이, 부피, 무게 따위의 단위를 재는 법을 말해요. 그래서 이들은 '북극에서 적도'까지 거리의 1천만 분의 1을 1미터로 정했어요. 그리고 이 미터법을 널리 보급한 사람은 나폴레옹이에요. 나폴레옹은 미터법을 이용해 대포를 만들었어요. 미터법을

가스 사용량을 재는 가스 계량기

적용해 만든 프랑스의 대포는 정확도가 뛰어났고 그렇지 못한 다른 나라의 대포는 정확도가 떨어져 프랑스군을 당해내지 못했어요. 그러다가 1875년에 각 나라 사이에 미터 협약을 맺어 세계적으로 널리 쓰게 되었어요. 우리나라에서는 1963년 5월에 계량법을 제정하여 오늘날까지 채택하여 사용하고 있어요. 영어로 미터(**meter**)에는 길이나 온도 등을 '재다'라는 뜻이 담겨 있기에 미터(**meter**)가 붙어서 여러 가지 말이 만들어져요.

재다라는 뜻을 담고 있는 −meter

- **meter** [míːtər] **미터, 계량기**
  길이를 재는meter 것 혹은 재는meter 단위이니 미터, 계량기

- thermo**meter** [θərmámətər] **온도계, 체온계**
  열thermo을 재서meter 표시하는 것이니 온도계나 체온계

- baro**meter** [bərámətər] **기압계**
  기압baro을 재서meter 나타내는 것이니 기압계

- gas **meter** [gǽs mətər] **가스 계량기**
  가스gas의 사용량을 재는meter 계량기이니 가스 계량기

- water **meter** [wɔ́ːtər mətər] **수도 계량기**
  물water의 사용량을 재는meter 계량기 이니 수도 계량기

-meter로 영어 그물 짜기

meter
[míːtər] **미터, 계량기**
The snow is one meter deep.
눈이 1미터나 쌓였어요.

thermometer
[θərmámətər] **온도계, 체온계**
The boy looks at the thermometer.
그 소년은 온도계를 본다.

barometer
[bərámətər] **기압계**
A barometer shows possible changes in the weather.
기압계를 통해 기상 변화를 예측할 수 있다.

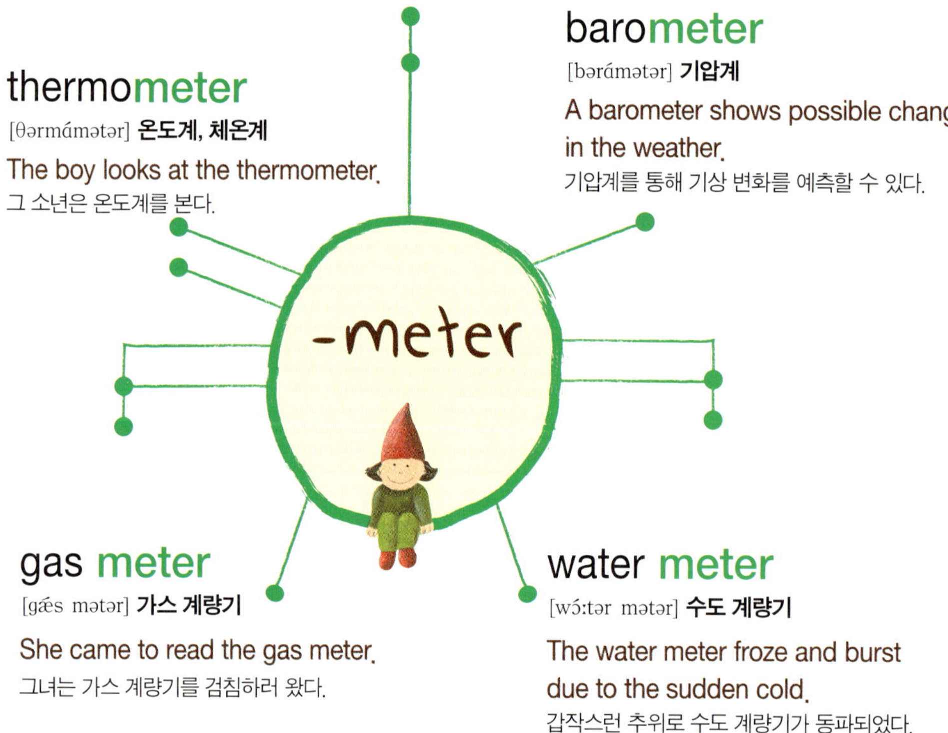

gas meter
[gǽs mətər] **가스 계량기**
She came to read the gas meter.
그녀는 가스 계량기를 검침하러 왔다.

water meter
[wɔ́ːtər mətər] **수도 계량기**
The water meter froze and burst due to the sudden cold.
갑작스런 추위로 수도 계량기가 동파되었다.

Reading & Writing 

✔ 계량기 *meter*

☐ 온도계

☐ 기압계

☐ 가스 계량기

☐ 수도 계량기

지도책, Atlas (아틀라스)

영어로 지도를 맵(map)이라고 하지만 지도책은 아틀라스(atlas)라고 해요. 아틀라스 (atlas)는 그리스로마 신화에 나오는 여러 티탄족 가운데 하나이에요. 아틀라스(atlas) 는 하늘의 주인을 놓고 제우스 형제와의 싸움에 져서 벌을 받게 되었어요. 그 벌은 바 로 하늘을 지고 있는 것이었어요.

이런 신화가 나오게 된 것은 바로 '하늘은 왜 떨어지지 않을까' 라는 물음에 대한 고대 인 나름대로의 해답이 신화로 이어졌던 것이에요. 근세에 와서 지도책을 만들면서 아 틀라스(atlas)가 지구를 떠받치고 있는 그림을 넣게 되었고 이때부터 아틀라스(atlas)는 지도책을 의미하게 되었어요.

12

백을 나타내는 (cent-), 천을 나타내는 (kilo-)

센티미터로 표시된 줄자

우리말 어휘 중에 한자어가 약 70% 정도 된다면 영어도 라틴어와 그리스어가 약 70% 정도를 차지해요. 우리말도 난이도가 높은 말일수록 한자어가 많듯이 영어도 난이도가 높을수록 라틴어나 그리스어를 어원으로 하는 영어가 많아요.

영국은 섬나라이지만 아시아의 일본과 달리 유럽대륙의 침략을 많이 받았어요. 특히 기원 전후 로마의 영웅 율리우스 카이사르의 침공을 두 차례나 받으면서 로마의 식민지가 되어 오랜 세월을 보냈어요. 그래서 로마에서 사용한 라틴어와 그리스어의 영향을 많이 받았고 그러다 보니 영어 곳곳에 라틴어나 그리스어가 자리 잡고 있는 것이에요. 백과 천을 나타내는 센트(**cent-**)나 킬로(**kilo-**) 등도 라틴어와 그리스어를 어원으로 하는 영어이에요. 센트(**cent-**)에는 '백'이라는 뜻이 있고 킬로(**kilo-**)에는 '천'이라는 뜻이 있어요.

- **cent**imeter

  [séntəmì:tər] **센티미터**
  미터meter를 백cent으로 나눈 길이(100㎝=1m)이니
  센티미터centimeter

- per**cent**

  [pərsént] **퍼센트, 백분율**
  전체 수량을 백cent으로 나눈 것이니 퍼센트, 백분율

- **cent**ury

  [séntʃəri] **1세기(100년)**
  백cent 년을 나타내는 것이니 1세기

- **kilo**meter

  [kilámətər] **킬로미터**
  미터meter가 천kilo 배가 되면 킬로미터kilometer(1,000m=1㎞)

- **kilo**gram

  [kíləgræm] **킬로그램**
  그램gram이 천kilo 배가 되면 킬로그램kilogram(1,000g=1㎏)

- **kilo**liter

  [kíləlì:tər] **킬로리터**
  리터liter가 천kilo 배가 되면 킬로리터kiloliter(1,000 *l* =1㎘)

59

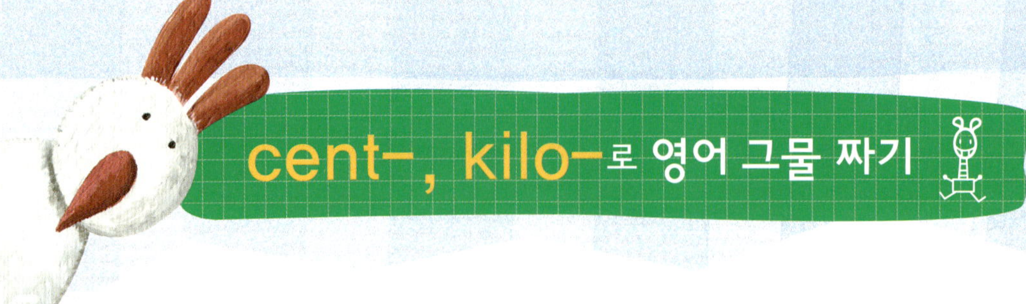

centimeter
[séntəmìːtər] 센티미터
I have grown ten centimeters taller than last year.
나는 작년에 비해 키가 10센티미터 컸다.

percent
[pərsént] 퍼센트, 백분율
I agree with you a hundred percent.
당신 의견에 전적으로 동의합니다.

century
[séntʃəri] 1세기(100년)
The nineteenth century saw the Industrial Revolution.
19 세기에 산업혁명이 발생했다.

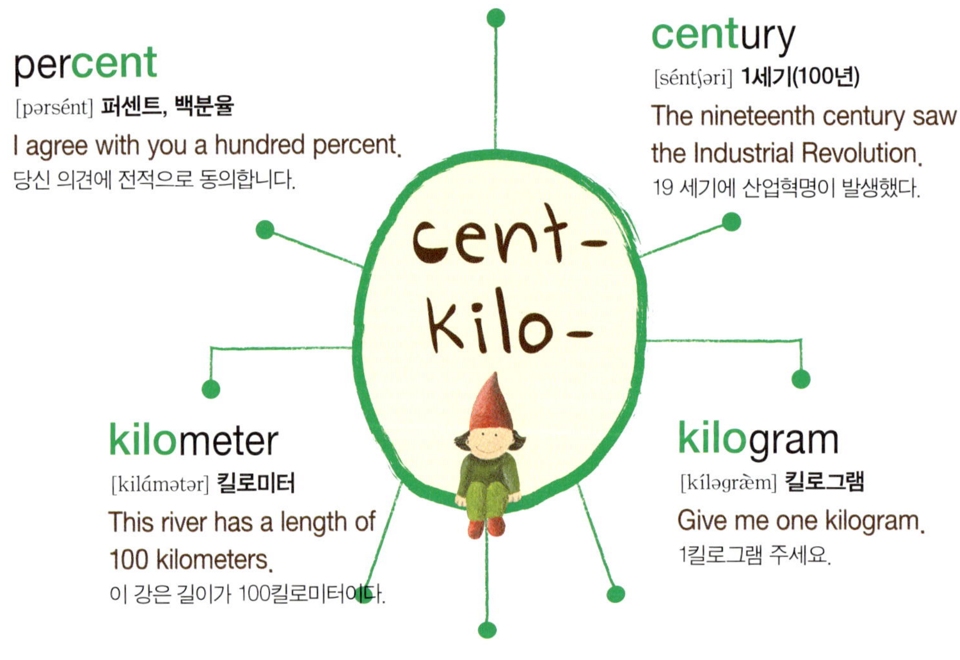

kilometer
[kilámətər] 킬로미터
This river has a length of 100 kilometers.
이 강은 길이가 100킬로미터이다.

kilogram
[kíləgræm] 킬로그램
Give me one kilogram.
1킬로그램 주세요.

kiloliter
[kíləlìːtər] 킬로리터
One kiloliter is equal to 1,000 liters.
1킬로리터는 1,000리터다.

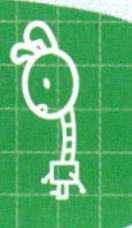

✔ 센티미터   centimeter

☐ 퍼센트

☐ 1세기(100년)

☐ 킬로미터

☐ 킬로그램

☐ 킬로리터

Hamburger (햄버거)

햄버거(hamburger)는 원래 독일의 함부르크라는 지역 이름에서 나온 음식이에요. 독일 함부르크 지방에서 미국으로 이주한 독일 사람들이 빵 사이에 스테이크와 채소를 얹어서 햄버거(hamburger)를 만들어 먹었다고 해요. 먹기 편하고 격의 없는 스타일의 이 음식은 미국인의 생활 양식에 아주 잘 어울렸고 그래서 널리 퍼져 나갔어요. 그 뒤로 1900년대 초를 기점으로 미국의 각 주에서 이 햄버거(hamburger) 스테이크를 빵 사이에 끼워 팔기 시작하면서 오늘날 전 세계적으로 유명해졌고 함부르크에서 나온 음식이라고 햄버거(hamburger)라고 했어요.

13

사진 속에 담긴 빛(photo-)의 원리

도시의 전경을 찍은 최초의 사진

과학 기술의 발달과 함께 등장한 사진의 등장은 우리 생활에 많은 변화를 주었어요. 특히 사진이 없었던 시대, 그림은 주로 사물을 있는 그대로 그리는 것이 제 역할이라고 생각했어요. 그래서 돈이 많은 사람들은 그림을 그려 자신의 초상화를 남기는 것을 큰일로 생각했어요. 하지만 지금은 누구나 간단하게 사진으로 자신의 모습을 남길 수 있어요. 사진은 딱히 누구 한 사람이 발명한 것이 아니라 역사와 시대를 거쳐 오면서 기술이 집약되어서 나타난 것이에요. 하지만 공식적으로 발명 특허를 받은 사람은 1839년 8월 프랑스의 다게르라는 사람이에요. 사진을 영어로 포토그래피(photograph)라 하는데 이 말에는 '빛으로 그리는 그림'이라는 뜻이 담겨 있어요. 사진은 빛의 원리를 이용해서 나오는 결과물이기 때문에 이런 이름이 붙었고 포토(photo-)가 바로 빛이라는 뜻이 있어요. 포토(photo-)로 이루어지는 낱말을 알아 보아요.

- **photo**graph [fóutəgràef] **사진, 사진을 찍다**
  빛photo이 비추는 모양을 그린graph 것이니 사진, 사진을 찍다

- **photo**grapher [fətágrəfər] **사진사, 사진작가**
  사진photograph 찍는 사람er 이니 사진사, 사진작가

- **photo**map [fóutoumàep] **(항공 촬영에 의한) 사진 지도**
  공중에서 사진photo을 찍어 만든 지도map이니 사진 지도

- **photo**synthesis [fòutousínθəsis] **광합성**
  빛photo을 합성synthesis하는 것이니 광합성

- **photo**copier [fóutoukàpiər] **복사기**
  빛photo을 이용해 베껴copy 내는 도구er이니 복사기

photograph

[fóutəgræ̀f] **사진, 사진을 찍다**

Thanks for sending me your photograph.
네 사진 보내 줘서 고마워.

photographer

[fətágrəfər] **사진사, 사진작가**

She wants to be a good photographer.
그녀는 훌륭한 사진사가 되고 싶어 한다.

photomap

[fóutoumæ̀p] **(항공 촬영에 의한) 사진 지도**

I'll sending you a photomap.
사진 지도를 한 장 보냅니다.

photosynthesis

[fòutousínθəsis] **광합성**

Photosynthesis requires sunlight.
광합성을 하기 위해서는 햇빛이 필요하다.

photocopier

[fóutoukàpiər] **복사기**

There's a paper jam in the photocopier.
복사기에 종이가 걸렸다.

✔ 사진 photograph

☐ 사진사

☐ 사진 지도

☐ 광합성

☐ 복사기

Mania (마니아)

마니아(mania)란 어떤 한 가지 일에 몹시 빠져 열중하는 사람이나 또는 그런 일을 말해요. 그런데 원래 마니아(mania)라는 말은 그리스로마 신화에서 나왔어요. 그리스로마 신화에서 디오니소스는 술과 축제의 신이었어요. 그러다 보니 그를 따라다니며 축제를 즐기는 사람이 아주 많았어요. 그중에서도 미친 듯이 따라다니며 디오니소스와 축제를 벌인 사람이 있었는데 이들을 마니아(mania)라고 불렀어요. 영어로 마니아(mania)는 '열광, 광기, 열기' 혹은 '뭔가에 빠져 있는 사람'을 나타내요. 지금도 우리는 마니아(mania)라는 말을 널리 쓰고 있어요.

14

김구 선생에 관한 전기, 위인전(-graph-)

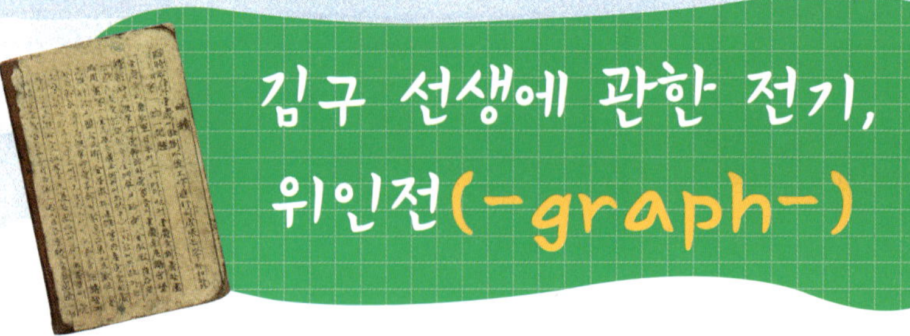

어느 날 김구 선생이 안창호 선생에게 말했어요.

김구

"나는 임시 정부의 문지기를 하고 싶소."

"문지기라니 그게 무슨 소리입니까?"

"나는 감옥 생활을 하면서 하느님께 빌었습니다. 우리나라 정부가 생기면 내가 그 집의 마당을 쓸고 유리창을 닦게 해 달라고 말이오. 그러니 나에게 꼭 임시 정부의 문지기를 시켜 주시오."

이 말에 안창호 선생은 깊은 감명을 받았어요.

해방 후 김구 선생은 남북 분단을 막으려고 노력하다가 1949년 6월 26일 안두희가 쏜 총에 눈을 감고 말았어요. 생전에 김구 선생이 남긴 단 한 권의 자서전이 바로 『백범일지』예요. 지금도 사람들은 김구 선생의 삶을 배우려고 김구 선생에 관한 위인전을 많이 읽고 있어요. 위인전은 영어로 바이오그래피(**biography**)라고 하는데 한 사람의 일생(**bio-**)을 기록한(**graph**)것을 말해요. 그래피(**-graph-**)는 '쓰다, 그리다'라는 뜻이있어요.

쓰다, 그리다라는 뜻을 담고 있는 -graph

- **graph**
  [græf] **도표, 그래프**
  쓰고 그리는graph 의 뜻이 있으니 도표나 그래프

- **graph**ic
  [græfik] **그림, 도형, 그래픽**
  쓰고 그리는graph 것이니 그림, 도형, 그래픽

- auto**graph**
  [ɔ́:təgræ̀f] **자필 서명**
  작가나 예술가가 자기 작품에 직접auto 이름을 쓰는graph 것이니
  자필 서명

- bio**graphy**
  [baiágrəfi] **전기, 위인전**
  한 사람의 일생bio을 써서 기록한graph 것이니 전기나 위인전

- geo**graphy**
  [dʒiágrəfi] **지리, 지질학**
  땅geo을 그리는graph 것이니 지리나 지질학

- autobio**graphy**
  [ɔ́:toubaiágrəfi] **자시전**
  스스로auto 자신의 일생bio을 기록한graph 것이니 자서전

- calli**graphy**
  [kəlígrəfi] **붓글씨, 서예, 캘리그래피**
  손으로calli 그리는graphy 것이니 붓글씨, 서예, 캘리그래피

graph
[græf] 도표, 그래프
Have you ever heard of a line graph?
선 그래프에 대해 들어 본 적 있니?

graphic
[grǽfik] 그림, 도형, 그래픽
I wanted to be a graphic designer.
나는 그래픽 디자이너가 되고 싶었어.

autograph
[ɔ́:təgræf] 자필 서명
Did he give you his autograph?
그가 자필로 서명해 주던가요?

biography
[baiágrəfi] 전기, 위인전
I am reading a biography about Mother Theresa.
마더 테레사에 관한 전기를 읽고 있다.

geography
[dʒiágrəfi] 지리, 지질학
He taught geography to his grandchildren.
그는 손자들에게 지리를 가르쳐 주었다.

autobiography
[ɔ́:toubaiágrəfi] 자서전
The famous film star wrote her autobiography.
그 유명한 영화 스타는 자기 자서전을 썼다.

calligraphy
[kəlígrəfi] 붓글씨, 서예, 캘리그래피
David is learning Korean calligraphy.
데이비드는 서예를 배우고 있다.

✔ 도표　graph

□ 그림

□ 자필 서명

□ 위인전

□ 지리

□ 자서전

□ 붓글씨

Lynch (린치)

린치(lynch)는 정당한 법적인 절차 없이 사람에게 가하는 폭력을 말해요. 18세기 미국은 서부와 동부가 발전 속도에서 차이가 났어요. 특히 서부는 낙후되어 사법 기관도 부족하여 각종 범죄를 막지 못했어요. 이러한 상황에서 1774년 미국 서부의 버지니아주 치안판사로 부임한 찰스 린치가 용의자로 생각되는 자를 잡아다가 법 절차를 생략하고 사형시킬 수 있는 사형법을 만들었어요. 이때부터 린치의 이름을 따 '적법한 절차를 거치지 않고 사람에게 가하는 폭력적 행위'를 말할 때 린치(lynch)라고 표현하게 되었어요.

15

어떤 전쟁도 반대(anti-)해야 해

6·25 전쟁 때 인천으로 상륙하는 유엔군

인류 역사상 가장 큰 인명 피해와 재산 피해를 낳은 전쟁이 바로 제2차 세계 대전이에요. 이 전쟁으로 수천만 명에 이르는 사람들이 죽을 정도로 인류 역사상 가장 끔찍하고 참혹한 전쟁이었어요. 전쟁만큼 인류에게 끔찍한 것은 없어요.

1945년 우리나라도 일본의 항복으로 식민지에서 해방되었지만 불행하게도 남북이 분단되었고 그 이후 1950년 6월 25일 같은 민족끼리 전쟁을 하면서 수많은 사람들이 죽었어요. 그러나 전쟁은 끝났지만 그 비극과 전쟁의 위험은 지금까지 계속되고 있어요. 우리는 어떤 일이 있어도 다시금 6·25같은 참혹한 전쟁이 일어나지 않도록 막아야 해요. 그리고 반드시 평화적으로 남북통일을 이루어야겠지요. 그래서 전쟁을 반대해야 해요. 전쟁을 반대하는 반전을 영어로 안티워(antiwar)라고 해요. 안티(anti-)는 '반대, 저항'을 뜻해요.

- **anti**war

[æntiwɔ́ːr] **반전의**
전쟁war 반대anti의 뜻이니 반전의

- **anti**septic

[æntəséptik] **살균의, 소독제, 방부제**
세균septic이 없는anti 의 뜻이니 살균의, 소독제, 방부제

- **anti**biotic

[æntibaiátik] **항생 작용의, 항생 물질**
세균biotic을 막는anti 뜻이니 항생 작용의, 항생 물질

- **anti**government

[æntigʌ́vərnmənt] **반정부의, 반정부 세력의**
정부governmen를 반대하는anti 뜻이니 반정부의, 반정부 세력의

- **anti**social

[æntisóuʃəl] **비사교적인, 반사회적인**
사람이나 사회적social 관계를 싫어하는anti 뜻이니 비사교적인, 반사회적인

- **anti**virus

[æntiváirəs] **항바이러스**
바이러스virus를 막는anti 뜻이니 항바이러스

antiwar

[ǽntiwɔ́ːr] **반전의**

The woman is leading an antiwar movement.
그 여성이 반전 운동을 이끌고 있다.

antiseptic

[ǽntəséptik] **살균의, 소독제, 방부제**

I put antiseptic on the cut on my hand.
나는 손의 베인 부위에 소독약을 발랐다.

antibiotic

[ǽntibaiátik] **항생 작용의, 항생 물질**

The doctor put her on antibiotics.
의사는 그녀에게 항생제를 처방했다.

antivirus

[ǽntiváirəs] **항바이러스**

antivirus software
바이러스 퇴치 소프트웨어

antisocial

[ǽntisóuʃəl] **비사교적인, 반사회적인**

Kidnapping is an antisocial crime.
유괴는 반사회적 범죄다.

antigovernment

[ǽntigʌ́vərnmənt] **반정부의, 반정부 세력의**

Antigovernment organizations continued their protest.
반정부 단체들의 시위가 계속되었다

72

✔ 반전의   antiwar

☐ 소독제

☐ 항생 물질

☐ 반정부의

☐ 반사회적인

☐ 항바이러스

Gas (가스)

가스(gas)라는 말은 원래 혼돈이라는 카오스(chaos)에서 만들어진 말이에요. 1600여 년쯤 벨기에 플랑드르의 헬몬트라는 화학자가 있었는데 그는 석탄이 탈 때의 증기를 연구했어요. 증기를 연구하는 도중 증기가 바람 부는 대로 온갖 모양을 만들면서 하늘로 사라지는 것을 보고 카오스라는 말이 떠올랐어요. 그래서 그는 카오스에서 o를 생략하고 ch를 g로 바꾸어서 이 증기를 가스(gas)라는 낱말로 만들어서 불렀어요. 그 다음부터 우리는 연기 같은 기체를 모두 가스(gas)라고 부르고 있어요.

16

방송은 공기(-air-) 중에 전파를 날려 보내요

에어(air)는 '공기'라고 알고 있는 아주 쉬운 말이에요. 하지만 이 말도 다른 단어와 결합하여 다양하고 재미있는 말들을 많이 만들어요. 대표적으로는 영어로 온에어(on air)는 방송 중이라는 말이에요. 그러니까 뭔가가 공기 중에 있다는 말이 되는 것이지요. 아마 방송을 하려면 전파를 공중으로 쏘아야 하니까 나온 말인 것 같아요. 방송을 하고 있으면 전파를 공기 중에 쏘고 있다는 말이니 '방송 중'이라는 말이겠지요.

공기가 가득 든 풍선

공기라는 뜻을 담고 있는 -air-

- **on air**
  [ɑ́n ɛ́ər] **방송 중**
  전파가 공중air으로 쏘아진 상태on이니 방송 중

- **air**field
  [ɛ́ərfìːld] **비행장**
  비행기가 공중air에서 내리는 마당field이니 비행장

- **air**fare
  [ɛ́ərfɛ̀ər] **항공 요금**
  항공air 요금fare 이니 항공 요금

- **air**plane
  [ɛ́ərplèin] **비행기**
  공중air을 나는plane 것이니 비행기

- **air** force
  [ɛ́ər fɔ́ːrs] **공군**
  하늘air을 지키는 군대force이니 공군

- **air**craft
  [ɛ́ərkrǽtt] **항공기**
  하늘air을 나는 수단craft 은 바로 항공기

- **air** conditioner
  [ɛ́ər kəndíʃənər] **냉방기, 에어컨**
  공기air를 조절conditioner하는 것이니 냉방기 ,에어컨

- **air**ship
  [ɛ́ərʃìp] **비행선**
  공기air중에 있는 배ship이니 비행선

on air
[án ɛ̀ər] **방송 중**
We will be back on air tomorrow morning at 7.
내일 아침 7시 방송으로 다시 찾아뵙겠습니다.

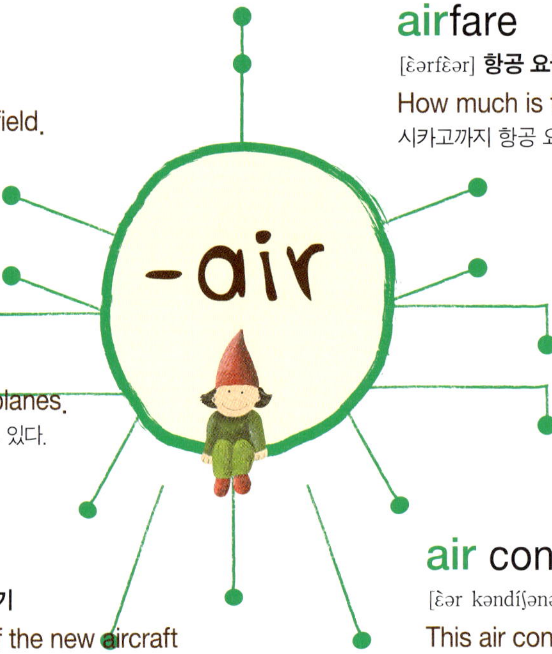

airfield
[ɛ̀ərfìːld] **비행장**
I'll meet you at the airfield.
비행장에서 만날게요.

airfare
[ɛ̀ərfɛ̀ər] **항공 요금**
How much is the airfare to Chicago?
시카고까지 항공 요금이 얼마죠?

airplane
[ɛ̀ərplèin] **비행기**
He is interested in airplanes.
그는 비행기에 흥미를 가지고 있다.

air force
[ɛ̀ər fɔ́ːrs] **공군**
She is an officer in the Air Force.
그 여자는 공군 장교예요.

aircraft
[ɛ̀ərkræft] **항공기**
Production of the new aircraft
will start next year.
새 항공기 생산은 내년에 시작될 것이다.

air conditioner
[ɛ̀ər kəndíʃənər] **냉방기, 에어컨**
This air conditioner works
on a time switch.
이 에어컨은 타이머로 작동한다.

airship
[ɛ̀ərʃìp] **비행선**
Interest in airships is on the rise.
비행선에 대한 관심이 증가합니다.

Reading & Writing

✔ 방송 중 on air

☐ 비행장

☐ 항공 요금

☐ 비행기

☐ 공군

☐ 항공기

☐ 냉방기

☐ 비행선

Bikini (비키니)

1946년 남태평양의 비키니(bikini)라는 작은 산호섬에서 미국은 원자폭탄 실험을 했어요. 마침 그해에 프랑스 디자이너 루이 레아라는 사람도 당시로서는 정말 파격적인 두 조각으로 이루어진 수영복을 패션쇼에서 선보였어요. 이 수영복이 얼마나 파격적이었는지 사람들은 미국의 원자폭탄 실험에 버금가는 충격이라면서 이때부터 이 수영복을 비키니(bikini)라고 불렀어요. 그러니까 비키니(bikini)는 섬 이름이 수영복 이름이 된 것이에요.

17

집과 마을만 왔다 갔다한 (-shuttle-) 철학자 칸트

독일의 유명한 철학자 임마누엘 칸트는 평생 동안 살면서 고향에서 150킬로미터 밖을 벗어나 본 적이 없다고 해요. 그렇게 고향을 벗어나지 않고도 그는 전 세계를 깜짝 놀라게 할 철학적 성과물을 발표한 유명한 학자가 되었어요.

칸트

칸트에 얽힌 아주 유명한 일화가 있어요. 칸트는 평생을 하루도 빠지지 않고 똑같이 정해진 시간에 산책을 나갔다고 해요. 그렇게 평생을 하니 이제 동네 사람들은 칸트를 보고 하루의 시간을 맞출 정도였어요. 그만큼 칸트는 규칙적인 생활을 통해 학문에 정진했다는 말이겠지요.

이처럼 정해진 곳을 반복적으로 왔다 갔다 하는 것을 영어로는 셔틀(shuttle)이라고 해요. 그래서 특정한 곳을 왔다 갔다 하는 버스를 우리는 셔틀버스(shuttle bus)라고 하는 것이에요. 셔틀(shuttle)에는 두 장소를 '왔다 갔다 하다, 순환하다, 왕복하다'라는 뜻이 있어요.

왔다 갔다 하다, 순환하다, 왕복하다라는 뜻이 있는 -shuttle-

- **shuttle**cock

  [ʃʌ́tlkàk] **셔틀콕, 배드민턴 공**

  배드민턴을 칠 때 왔다 갔다 하는shuttle 깃털cock이 달린 공을 셔틀콕, 배드민턴 공

- **shuttle** run

  [ʃʌ́tl rʌ́n] **왕복 달리기**

  왔다 갔다 하는shuttle 달리기run이니 왕복 달리기

- **shuttle** bus

  [ʃʌ́tl bʌ́s] **셔틀버스**

  두 장소를 왕복shuttle하는 버스bus이니 셔틀버스

- **shuttle** train

  [ʃʌ́tl tréin] **왕복 열차**

  가까운 거리를 왕복shuttle하는 열차train이니 왕복 열차

- space **shuttle**

  [spéis ʃʌ́tl] **우주 왕복선**

  우주space와 지구를 왕복하는shuttle 우주선이니 우주 왕복선

- air **shuttle**

  [ɛ́ər ʃʌ́tl] **정기 항공편**

  공중air을 왔다 갔다 하는shuttle 것이니 정기 항공편

shuttlecock

[ʃʌ́tlkàk] **셔틀콕, 배드민턴 공**

Did you bring the shuttlecock along?
너 배드민턴 공 가져 왔어?

shuttle run

[ʃʌ́tl rʌ́n] **왕복 달리기**

Shuttle runs on this station
you run a distance of 3-4 metres.
왕복 달리기는 이 역에서
3-4미터의 거리를 달려야 합니다.

shuttle bus

[ʃʌ́tl bʌ́s] **셔틀버스**

The shuttle buses run every 30 minutes.
셔틀버스는 30분 간격으로 운행됩니다.

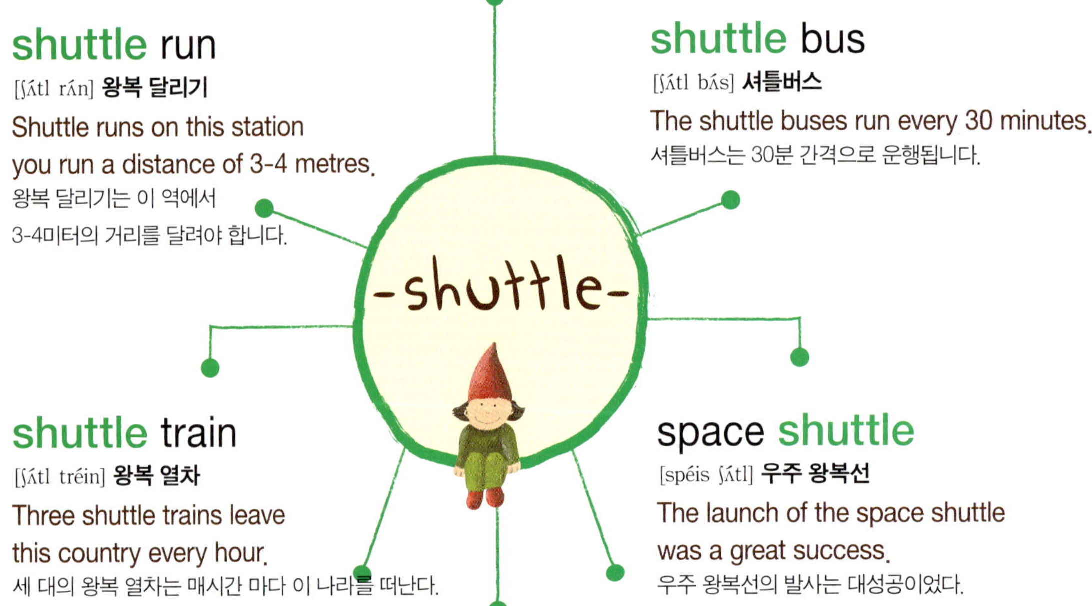

shuttle train

[ʃʌ́tl tréin] **왕복 열차**

Three shuttle trains leave
this country every hour.
세 대의 왕복 열차는 매시간 마다 이 나라를 떠난다.

space shuttle

[spéis ʃʌ́tl] **우주 왕복선**

The launch of the space shuttle
was a great success.
우주 왕복선의 발사는 대성공이었다.

air shuttle

[ɛ́ər ʃʌ́tl] **정기 항공편**

An air shuttle is a shuttle service operated with aircraft.
정기 항공편은 항공기와 함께 운영하는 셔틀 서비스입니다.

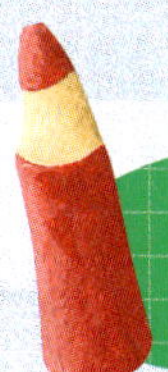

✔ 셔틀콕   shuttlecock

☐ 왕복 달리기

☐ 셔틀버스

☐ 왕복 열차

☐ 우주 왕복선

☐ 정기 항공편

Mentor (멘토)

멘토(mentor)는 어떤 사람에게 오랜 기간에 걸쳐 조언과 도움을 베풀어 주는 유경험자나 선배로서 스승의 역할을 하는 사람을 말해요. 그래서 멘토(mentor)는 우리말로 스승이라고 해요. 원래 멘토(mentor)는 그리스로마 신화의 멘토르(Mentor)라는 사람 이름에서 유래되었어요.

오디세우스에게는 멘토르라는 친구가 있었어요. 오디세우스는 트로이 전쟁에 참가하기 위해 떠나면서 멘토르에게 아들 텔레마코스를 잘 길러줄 것을 부탁했어요. 멘토르는 오디세우스가 돌아올 때까지 아주 오랜 세월 동안 친구의 아들 텔레마코스를 잘 돌보며 가르쳤어요. 이때부터 그의 이름 멘토(mentor)는 현명하고 성실한 조언을 하는 사람, 스승이라는 뜻을 지니게 되었어요.

18

세계 최초의 지하(sub-)철은?

지하를 달리는 지하철

세계 최초의 지하 철도는 1863년 1월 10일 영국 런던의 팔링턴 스트리트와 비숍스 로드의 패딩턴을 잇는 6킬로미터 구간에 개통된 지하 철도예요. 이때는 증기 기관차로 운영되었고 1890년에 가서야 전기 철도 방식이 탄생했어요.

영국 말고 유럽 대륙 최초의 지하 철도는 1896년 헝가리의 부다페스트에서 개통되었어요. 뒤이어 1898년 오스트리아의 빈, 1900년 프랑스의 파리, 1902년과 1906년에는 독일의 베를린과 함부르크에서 지하 철도가 개통되었어요. 미국에서는 1901년 보스턴에 첫 지하철이 생겼고 뉴욕의 지하철은 1904년에 개통되었어요.

우리나라는 1974년 8월 15일 개통된 서울시 지하철 1호선 서울역에서 청량리까지의 7.8킬로미터 구간이 최초의 지하철이에요. 지하철은 영어로 서브웨이(**subway**)라고 하며 여기서 서브(**sub-**)는 '아래'라는 뜻이 담겨 있어요.

아래라는 뜻이 있는 sub-

- **sub**way
  [sʌ́bwèi] **지하철**
  땅 아래**sub**로 다니는 길**way**이니 지하철

- **sub**standard
  [səbstǽndərd] **표준 이하의**
  표준**standard** 아래**sub**의 것이니 표준 이하의

- **sub**marine
  [sʌ̀bməríːn] **잠수함**
  바다**marine** 아래로**sub** 다니는 것이니 잠수함

- **sub**urb
  [sʌ̀bəːrb] **도시 근교, 교외**
  도시**urban** 아래**sub** 지역이니 도시 근교 혹은 교외

- **sub**total
  [sʌ̀btòutl] **소계**
  전체**total**보다 아래**sub**인 것을 셈한 합계이니 소계

- **sub**tract
  [səbtrǽkt] **빼다, 덜다**
  아래**sub**로부터 당기는**tract** 것이니 빼다, 덜다

subway
[sʌ́bwèi] **지하철**
He left his bag in the subway.
가방을 지하철에 두고 내렸다.

substandard
[səbstǽndərd] **표준 이하의**
I do not want to make
substandard music.
난 표준 이하의 음악을 만들고 싶지 않다.

submarine
[sʌ̀bmərí:n] **잠수함**
A submarine is an underwater ship.
잠수함은 수중용 배이다.

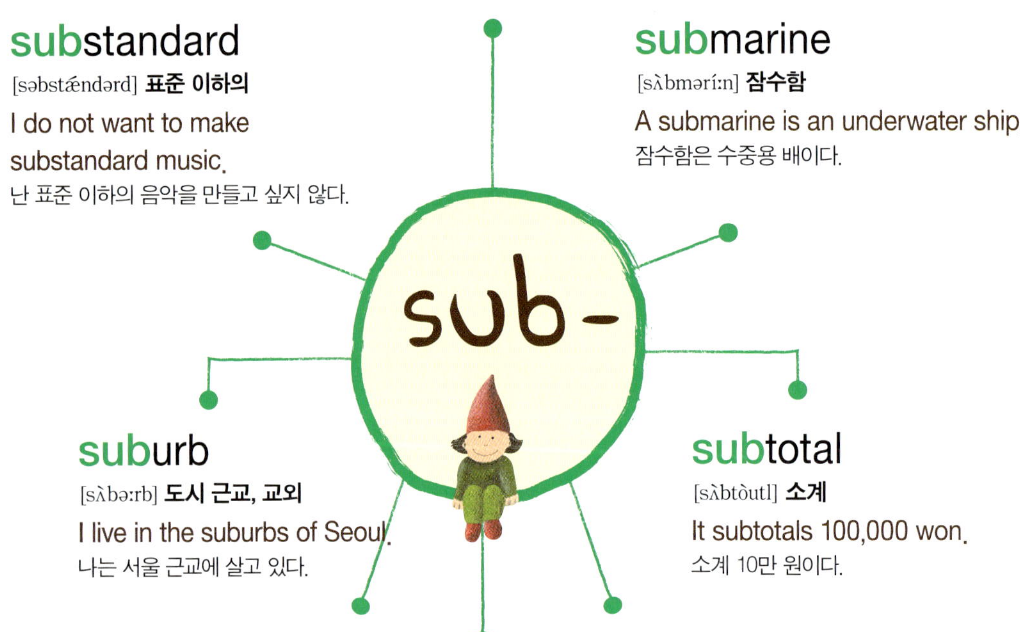

suburb
[sʌ̀bə:rb] **도시 근교, 교외**
I live in the suburbs of Seoul.
나는 서울 근교에 살고 있다.

subtotal
[sʌ̀btòutl] **소계**
It subtotals 100,000 won.
소계 10만 원이다.

subtract
[səbtrǽkt] **빼다, 덜다**
subtract five from ten.
10에서 5를 빼다.

✔ 지하철 subway

☐ 표준 이하의

☐ 잠수함

☐ 도시 근교

☐ 소계

☐ 빼다

Nicotine (니코틴)

니코틴(nicotine)은 담배와 관련하여 가장 많이 나오는 말이에요. 니코틴(nicotine)은 담배에 들어 있는 성분으로 적은 양은 신경 조직을 흥분시켜 정신 활동을 왕성하게 하지만 많은 양은 신경 조직을 마비시키기도 해요. 1560년 포르투갈의 장 니코라는 사람이 신대륙에서 받은 선물을 프랑스 왕실에 선물로 보냈는데 그것이 바로 담배였어요. 바로 이때부터 사람들은 담배를 열렬히 피우기 시작했다고 해요. 그리고 사람들은 담배 안의 성분을 장 니코의 이름을 따서 니코틴(nicotine)이라고 불렀어요.

19

하나(uni-), 둘(bi-), 셋(tri-)

서양에서 전설로 전해 오는 이마에 뿔이 하나 있는 말을 유니콘(unicorn)이라고 해요. 유니콘(unicorn)이라는 말 자체가 뿔이 하나라는 뜻이에요. 우리말로는 뿔이 하나 있는 짐승을 일각수라고 해요. 전설에 따르면 이 말은 무적의 힘을 가졌지만 아름다운 처녀 앞에서는 맥을 못 추고 처녀의 무릎을 베개 삼아 잠드는 버릇이 있다고 해요.

셋(이 모여 연주하는 트리오

사람이나 동물이나 모두 아름다운 미인 앞에서는 맥을 못 추나 봐요. 여기서 유니(uni-)는 하나라는 뜻이고 콘(corn)은 뿔이라는 말이에요. 이처럼 영어에는 하나, 둘, 셋을 나타내는 말들이 있어요. 그중에 유니(uni)는 '하나'라는 뜻이고 바이(bi)는 '둘'이라는 말이에요. 그래서 두발 자전거는 바이시클(bicycle)이 되는 것이에요. 그리고 트리(tri)는 '삼'이라는 뜻이 있기에 트라이앵글(triangle)은 삼각형이 되는 것이에요.

- **uni**corn

[jú:nekɔ́:rn] **유니콘, 일각수**
이마에 뿔corn이 하나uni 달린 동물이니 유니콘, 일각수

- **uni**cycle

[jú:nəsàikl] **외발 자전거**
바퀴cycle가 하나uni 달린 자전거이니 외발 자전거

- **bi**weekly

[bɑiwí:kli] **격주의**
두bi 주weekly 마다이니 격주의

- **bi**plane

[báipléin] **복엽 비행기**
한쪽에 날개가 두 개bi씩 달린 비행기plane이니 복엽 비행기

- **bi**lingual

[báilíŋgwəl] **두 나라 말을 사용하는**
두bi 나라 말lingual을 하는 것이니 두 나라 말을 사용하는

- **tri**angle

[tráiæ̀ŋgl] **삼각형**
각angle이 세 개tri가 있는 삼각형

- **tri**o

[trí:ou] **삼중주, 트리오**
세 명tri이 모여 연주하는 삼중주, 트리오

- **tri**cycle

[tráisəkl] **세발 자전거**
세 개tri의 바퀴cycle가 달린 세발 자전거

uni-, bi-, tri-로 영어 그물 짜기

unicorn
[júːnekɔ́ːrn] **유니콘**
The unicorn is a fabulous creature.
유니콘은 전설 속의 동물이다.

unicycle
[júːnəsàikl] **외발 자전거**
The man is riding a unicycle.
남자가 외바퀴 자전거를 타고 있다.

biplane
[báipléin] **복엽 비행기**
The biplane is an antique.
복엽 비행기는 구식이다.

biweekly
[bɑiwíːkli] **격주의**
The magazines are published biweekly.
잡지는 격주로 출판된다.

uni-
bi-
tri-

triangle
[tráiæŋgl] **삼각형**
The girl is drawing a triangle on the paper.
소녀는 종이 위에 삼각형을 그리고 있다.

bilingual
[báilíŋgwəl] **두 나라 말을 사용하는**
She is bilingual in English and Spanish.
그녀는 영어와 스페인어 두 개 언어를 한다.

tricycle
[tráisəkl] **세발 자전거**
This is my brother's tricycle.
이것은 내 동생의 세발 자전거다.

trio
[tríːou] **삼중주**
The musicians are playing as a trio.
연주자들이 삼중주로 연주를 하고 있다.

Reading & Writing

✔ 유니콘   unicorn

☐ 외발 자전거

☐ 격주의

☐ 복엽 비행기

☐ 두 나라 말을 하는

☐ 삼각형

☐ 삼중주

☐ 세발 자전거

Diesel (디젤)

교통 수단의 연료로 많이 사용하는 것 중에는 우리말 휘발유로 불리는 가솔린과 경유로 불리는 디젤(diesel)이 있어요. 그 중 디젤(diesel)은 독일의 디젤 기관 발명가인 루돌프 디젤의 이름을 따서 디젤(diesel)이라고 불러요. 디젤 기관이란 경유를 사용하는 엔진을 말해요. 루돌프 디젤은 1897년 최초로 디젤(diesel) 기관의 제작에 성공했어요. 그래서 그가 발명한 기관을 디젤 기관이라고 부르고 디젤 기관에 사용하는 경유도 그의 이름을 따서 디젤(diesel)이라고 불러요.

20

침팬지를 사랑한 동물학(-(o)logy)자, 제인 구달

제인 구달

제인 구달은 어려서부터 동물들을 구경하고 관찰하는 것을 정말 좋아했어요.

비가 온 다음 날, 제인 구달은 집 앞마당에 지렁이가 기어가는 것을 발견하게 되었어요.

"신기하네, 다리도 없는 지렁이가 어떻게 움직일 수 있지?"

그래서 제인 구달은 지렁이를 침대 위에 올려놓고 관찰을 했어요. 이 모습을 본 엄마는 깜짝 놀랐어요. 하지만 제인 구달의 엄마는 이때 제인 구달이 뭘 좋아하는지 알게 되었어요. 결국 제인 구달은 동물에 대한 자신의 호기심을 실현하기 위해 아프리카로 떠나 야생 침팬지를 관찰하기로 했어요. 그리고 10년 넘게 아프리카 오지에서 침팬지와 함께 살면서 세상을 놀라게 한 연구 결과를 발표했어요. 제인 구달처럼 동물에 관한 연구를 동물학이라고 하는데 동물학은 영어로 주로지(zoology)라고 해요. 로지(-(o)logy)가 '학문'이라는 뜻이 있어요. 그래서 학문이라는 말은 로지(-(o)logy)가 들어가서 만들어지는 경우가 많아요.

학문이라는 뜻을 담고 있는 −(o)logy

- **socio**logy — [sòusiálədʒi] **사회학**
  사회social에 관해 연구하는 학문logy이니 사회학

- **psycho**logy — [saikálədʒi] **심리학**
  마음psycho에 관해 연구하는 학문logy이니 심리학

- **zoo**logy — [zouálədʒi] **동물학**
  동물zoo에 관해 연구하는 학문logy이니 동물학

- **astro**logy — [əstrálədʒi] **점성학**
  별astro이나 행성을 연구하는 학문logy이니 점성학

- **techno**logy — [teknálədʒi] **기술 공학**
  기술techno에 관해 연구하는 학문logy이니 기술 공학

- **microbio**logy — [màikroubɑiálədʒi] **미생물학**
  아수 작은micro 생물bio을 연구하는 학문logy이니 미생물학

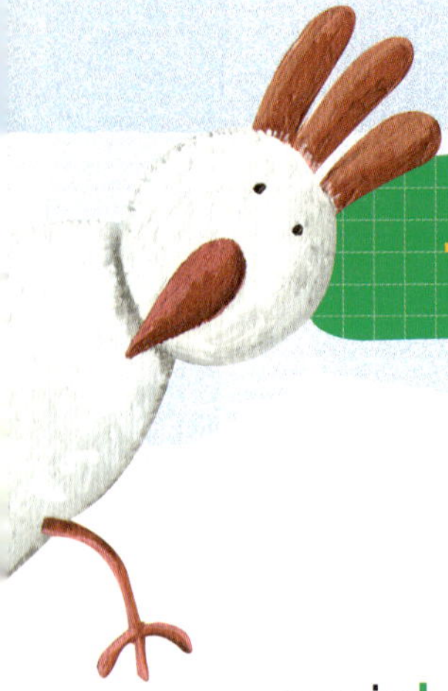

sociology
[sòusiáləʤi] **사회학**

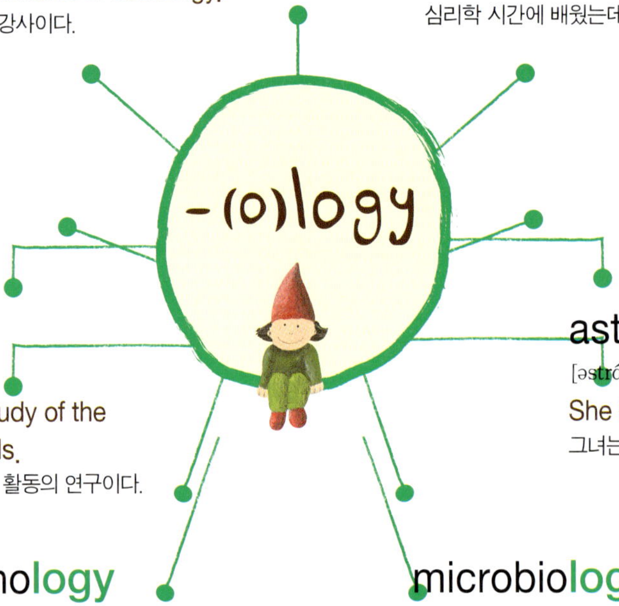

He gives lectures in sociology.
그는 사회학 강사이다.

psychology
[saikáləʤi] **심리학**

I learned in psychology class……
심리학 시간에 배웠는데……

-(o)logy

zoology
[zouáləʤi] **동물학**

Zoology is the study of the
biology of animals.
동물학은 동물의 생명 활동의 연구이다.

astrology
[əstráləʤi] **점성학**

She believes in astrology.
그녀는 점성학을 믿는다.

technology
[teknáləʤi] **기술 공학**

They developed a technology
to analyze the date.
그들은 자료를 분석할 수 있는 기술을 개발했다.

microbiology
[màikroubɑiáləʤi] **미생물학**

I have worked in microbiology
over 30 years.
나는 30년 넘게 미생물학에서 일했다.

✔ 사회학　sociology

☐ 심리학

☐ 동물학

☐ 점성학

☐ 기술 공학

☐ 미생물학

Paparazzi (파파라치)

파파라치(paparazzi)는 유명 인사들을 쫓아다니며 몰래 사진 찍는 사람을 말해요. 파파라치는 이탈리아 영화 감독이 만든 영화 〈달콤한 인생〉에 등장하는 카메라맨 이름이었어요. 영화 〈달콤한 인생〉의 시나리오 작가는 유명 인사들을 몰래 촬영하며 먹고 사는 영화 속 주인공 이름을 고민하다가 우연히 책에서 파파라치라는 특이한 이름을 발견하고 그 영화속 카메라맨의 이름을 파파라치라고 지었어요. 그리고 영화가 엄청난 성공을 거두자 이때부터 파파라치(paparazzi)는 유명 인사들을 따라다니며 사진 찍는 사람을 가리키는 말이 되었어요.

21

그 나라의 우두머리 (cap-) 도시가 수도예요

수도 서울에 있는 남산타워

한 나라의 수도는 그 나라를 대표하기 때문에 으뜸 도시라고 말할 수 있어요. 땅이 큰 나라는 수도가 경제의 중심지가 되는 수도와 정치의 중심지가 되는 수도로 나누어지기도 해요. 중국을 예로 들면 베이징은 정치의 중심지가 되는 행정 수도라고 할 수 있고 상하이는 경제 중심 도시로 경제 수도라고 할 수 있어요. 미국도 경제 중심 도시는 뉴욕, 정치 중심 도시는 워싱턴이라고 할 수 있어요. 하지만 대부분의 나라는 정치·경제의 수도가 하나의 도시에 집중되어 있어요. 우리나라와 일본, 프랑스, 영국 등의 나라가 그렇지요. 그 나라의 수도는 도시 중에서도 가장 으뜸이니 그 의미로는 가장 위에 있는 셈이에요. 그래서 영어로 수도를 캐피털(**capital**)이라고 하는데 여기서 캡(**cap-**)은 '머리, 우두머리'라는 뜻이 있어요. 그래서 가장 위에 있다고 모자를 캡(**cap**)이라고 하는 것이지요.

머리, 우두머리라는 뜻을 담고 있는 cap-

- **cap**

  [kǽp] **모자**
  우리 몸 가장 위에 있는 머리cap에 쓰는 것이니 모자

- **cap**tain

  [kǽptən] **캡틴, 지휘관, (팀의) 주장**
  한 조직의 우두머리cap 이니 캡틴, 지휘관, 주장

- **cap**ital

  [kǽpətl] **수도**
  한 나라의 머리cap가 되는 으뜸 도시이니 수도

cap- 잡다, 쥐다의 의미도 있어요.

- **cap**ture

  [kǽptʃər] **붙잡다, 사로잡다**
  무엇인가를 꽉 잡는cap 것이니 붙잡다, 사로잡다

- **cap**tive

  [kǽptiv] **포로의**
  사로잡힌cap의 뜻이니 포로의

- **cap**acity

  [kəpǽsəti] **(~을 할 수 있는) 능력, 수용력**
  붙잡을cap 수 있는 것이니 능력, 수용력

- **cap**tion

  [kǽpʃən] **제목, (영화의) 자막**
  눈을 붙잡는cap 글이나 설명이니 제목, 자막

- **cap**sule

  [kǽpsəl] **캡슐**
  무언가를 잡아cap넣어 두는 작은 상자이니 캡슐

cap
[kǽp] 모자
Take off that ski cap.
그 스키 모자 좀 벗어.

captain
[kǽptən] 장, 지휘관, (팀의) 주장
Captain, we need to move.
주장, 어서 갑시다.

capital
[kǽpət] 수도
Seoul is the capital of South Korea.
서울은 대한민국의 수도이다.

captive
[kǽptiv] 포로의
He became a captive of army.
그는 군대의 포로가 되었다.

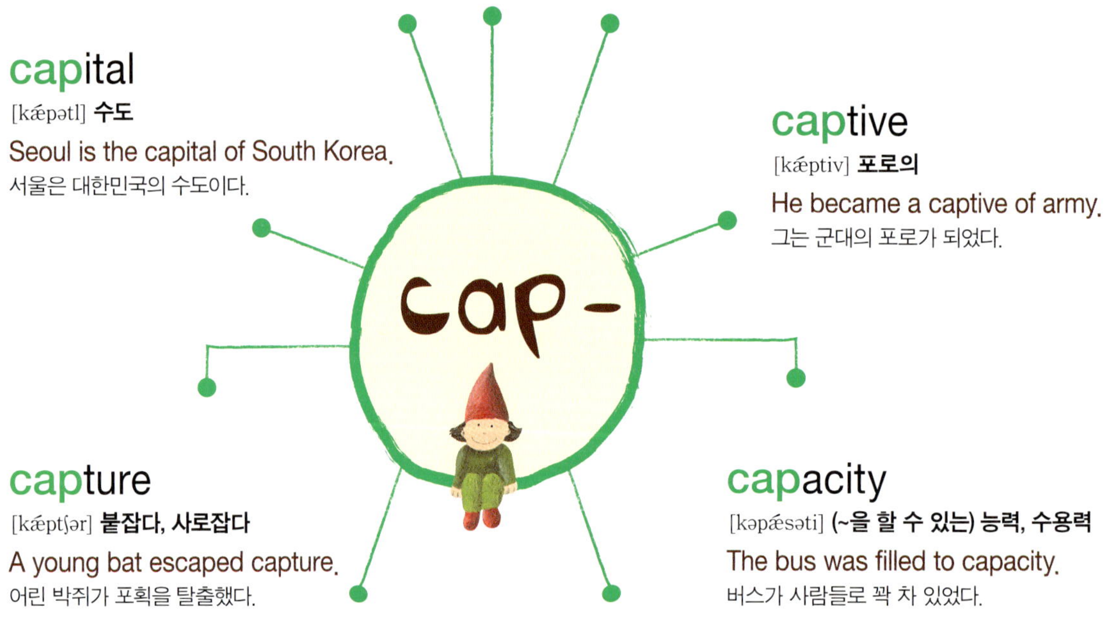

capture
[kǽptʃər] 붙잡다, 사로잡다
A young bat escaped capture.
어린 박쥐가 포획을 탈출했다.

capacity
[kəpǽsəti] (~을 할 수 있는) 능력, 수용력
The bus was filled to capacity.
버스가 사람들로 꽉 차 있었다.

caption
[kǽpʃən] 제목, (영화의) 자막
See the caption to the right.
오른쪽에 있는 제목을 참조하십시오.

capsule
[kǽpsəl] 캡슐
You should take this capsule before sleeping.
취침 전에 이 캡슐을 복용해야 합니다.

✔ 모자   cap _______________________

☐ 주장 _______________________

☐ 수도 _______________________

☐ 붙잡다 _______________________

☐ 포로의 _______________________

☐ (~을 할 수 있는) 능력 _______________________

☐ 제목 _______________________

☐ 캡슐 _______________________

22

2,000번을 다시(re-) 실험한 에디슨

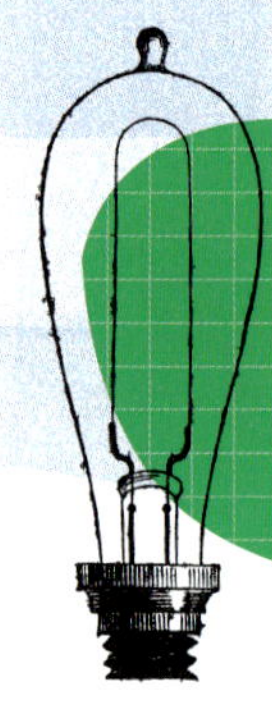

발명왕 에디슨은 전구를 발명하려고 2,000번이나 실험을 했어요. 1,999번의 실패 끝에 드디어 일상생활에 사용할 수 있는 백열전구를 발견하는 데 성공했어요. 에디슨이 전구 발명에 성공하자 많은 기자들이 몰려와서 에디슨을 취재했어요. 그중에 어떤 젊은 기자가 에디슨에게 질문을 던졌어요.

에디슨

"전구를 만들기 위해 수없이 실패했을 때 기분이 어떠셨나요?"

"실패라니요? 나는 한 번도 실패한 적이 없습니다. 나는 단지 전구가 빛을 내지 않는 1,999가지 원리를 알아냈을 뿐입니다."

만약 1,999번에서 에디슨이 포기했다면 우리의 일상생활에 전구로 불을 밝히는 날은 훨씬 더 더뎠을지도 몰라요. 에디슨의 포기하지 않는 도전 정신이 오늘날 우리가 편히 밤을 밝힐 수 있도록 한 것이지요. 뭐든지 첫술에 배부른 법은 없어요. 영어로 다시 한다는 말을 만드는 것에는 리(re-)가 있어요. 어떤 단어 앞에 이것이 붙으면 '다시 한다'는 말이 되는 것이지요.

- **re**make   [rìːméik] **리메이크, 다시 만들다**
전에 있던 것을 다시re 만들다make 이니 리메이크, 다시 만들다

- **re**vival   [riváivəl] **재생, 재공연, 재상영**
다시re 살리는vivial 것이니 재생, 재공연, 재상영

- **re**new   [rinjúː] **갱신하다**
다시re 새롭게new 하니 갱신하다

- **re**wind   [rìːwáind] **되감다**
다시re 앞으로 감다wind이니 되감다

- **re**turn   [ritə́ːrn] **되돌아가다**
다시re 돌려주다turn이니 되돌아가다

- **re**cycle   [rìːsáikl] **재생하여 이용하다, 재활용하다**
다시re 순환cycle하니 재생하여 이용하다, 재활용하다

- **re**mind   [rimáind] **상기시키다, 생각나게 하다**
마음mind속으로 다시re 부르니 상기시키다, 생각나게 하다

- **re**act   [riǽkt] **반작용하다, 반응하다**
반대로re 행동하다act이니 반작용하다, 반응하다

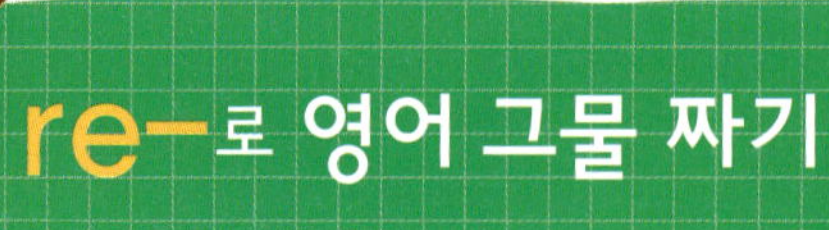

remake

[rìːméik] **리메이크, 다시 만들다**

The movie is a remake of the 1970 original.
그 영화는 1970년 원작을 리메이크한 것이다.

revival

[riváivəl] **재생, 재공연, 재상영**

a revival of interest in folk music
포크 음악에 대한 관심의 부활

renew

[rinjúː] **갱신하다**

I must renew my driver's license.
운전 면허증을 갱신해야 한다.

rewind

[rìːwáind] **되감다**

I stopped the tape and pressed rewind.
나는 테이프를 정지시키고 되감기를 눌렀다.

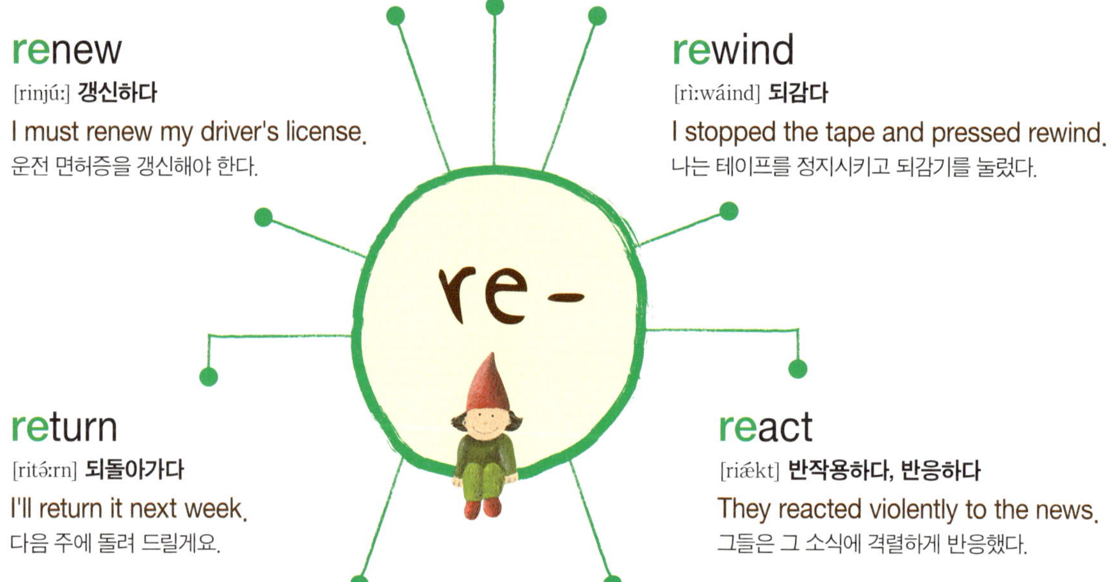

return

[ritə́ːrn] **되돌아가다**

I'll return it next week.
다음 주에 돌려 드릴게요.

react

[riǽkt] **반작용하다, 반응하다**

They reacted violently to the news.
그들은 그 소식에 격렬하게 반응했다.

recycle

[rìːsáikl] **재생하여 이용하다, 재활용하다**

Paper is recycled far more than once.
종이는 한 번 이상 재활용된다.

remind

[rimáind] **상기시키다, 생각나게 하다**

He reminds me of his brother.
그를 보니 그의 동생 생각이 난다.

✔ 다시 만들다   remake

☐ 재생

☐ 갱신하다

☐ 되감다

☐ 되돌아가다

☐ 재활용하다

☐ 생각나게 하다

☐ 반응하다

Guillotine (기요틴)

기요틴(guillotine)은 프랑스 대혁명 당시 사형 도구로 사용된 기구를 일컬어요. 우리말로는 단두대라고 해요. 프랑스 대혁명 당시 의사인 기요틴은 사형 당하는 사람이 고통을 덜 느끼고 편안하게 죽도록 하기 위해 이 도구를 발명했다고 해요. 혁명 이후 프랑스 왕 루이 16세와 왕비 마리 앙투아네트도 기요틴(guillotine)에 의해 처형이 되었어요. 이때부터 발명자의 이름을 따서 단두대를 기요틴(guillotine)이라 불렀고 영어로도 기요틴(guillotine)이 되었어요.

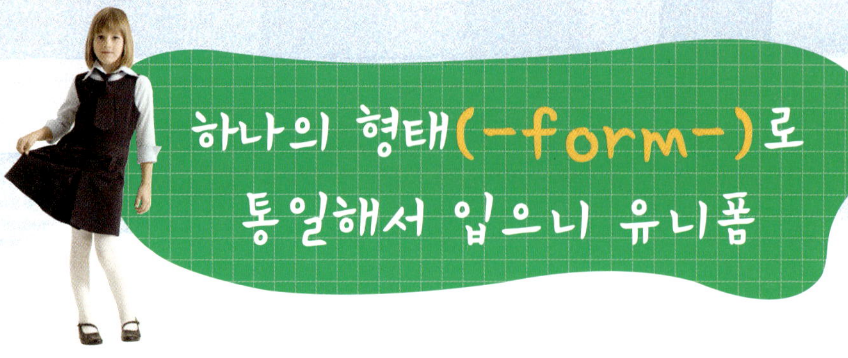

23

유니폼을 입은 어린이들

학교나 군대에서 단체로 통일해서 입는 옷이나 단체 운동경기를 하는 선수들이 똑같이 입는 옷을 유니폼(uniform)이라고 해요. 우리말로는 제복이에요. 하지만 요즘은 제복보다는 유니폼(uniform)이라는 말을 더 많이 사용하는 편이에요. 영어 유니폼(uniform)에는 하나의 형태로 입는 옷이라는 뜻이 담겨 있어요. 그러니까 유니폼(uniform)은 uni(하나)+form(형태, 모양)으로 나누어지지요. 폼(-form-)은 앞뒤로 영어가 붙으면서 말을 만들어내요.

- **form**

  [fɔ́:rm] **모양, 형식, 형태**
  사물의 생김새나 모양form이니 모양, 형식, 형태

- **form**al

  [fɔ́:rməl] **형식적인, 격식을 차린, 공식적인**
  틀에 박힌 방식이나 모양form대로 하는 것이니
  형식적인, 격식을 차린, 공식적인

- **form**ula

  [fɔ́:rmjulə] **(일정한) 형식, (수학의) 공식**
  일정한 모양form이나 방식을 따르는 것이니 형식, 공식

- uni**form**

  [júːnəfɔ́:rm] **제복, 유니폼**
  한 가지uni 모양의form 옷이니 제복, 유니폼

- re**form**

  [ri:fɔ́:rm] **개정하다**
  다시re 모양을form 고치다이니 개정하다

- in**form**

  [infɔ́:rm] **알려주다, 통지하다**
  ~에in 형태를form 부여하니 알려주다, 통지하다

- in**form**ation

  [ínfərméiʃən] **정보**
  뉴스나 책 등에서 수집한 자료를
  모양from이나 방법에 맞춰 정리한 지식이니 정보

- trans**form**

  [trænsfɔ́:rm] **변형시키다**
  다른 형태로form 바꾸다trans이니 변형시키다

form
[fɔ́:rm] **모양, 형식, 형태**
Her swimming form is very good.
그녀의 수영 폼은 아주 좋다.

formal
[fɔ́:rməl] **형식적인, 격식을 차린, 공식적인**
Don't be so formal.
너무 격식 차리지 마시오.

uniform
[jú:nəfɔ́:rm] **제복, 유니폼**
I love the uniforms.
유니폼이 맘에 들어요.

formula
[fɔ́:rmjulə] **(일정한) 형식, (수학의) 공식**
I can read the formula for you.
너에게 공식을 해석해 줄 수 있어.

inform
[infɔ́:rm] **알려주다, 통지하다**
Please inform me what to do next.
다음에는 무엇을 해야 할지 알려 주세요.

reform
[ri:fɔ́:rm] **개정하다**
A reform in politics is needed.
정치 개혁이 필요합니다.

transform
[trænsfɔ́:rm] **변형시키다**
I want to transform the country.
나는 이 나라를 변형시키고 싶다.

information
[ínfərméiʃən] **정보**
Where did you get the information?
어디서 정보를 얻으셨나요?

✔ **모양** form

☐ **형식적인**

☐ **형식**

☐ **유니폼**

☐ **개정하다**

☐ **알려주다**

☐ **정보**

☐ **변형시키다**

음악, Music (뮤직)

영어로 음악인 뮤직(music)이라는 단어의 어원은 그리스로마 신화에서 왔어요. 그리스로마 신화에 보면 음악 등을 관장하는 여러 명의 여신들이 있었는데 이들을 뮤즈(Muse)라고 불렀어요. 뮤즈(Muse)는 음악의 여신을 가르키고 이 말이 오늘날 영어로 음악을 말하는 뮤직(music)이 되었어요.

24

설득력을 잃은 카산드라의 미리(pre-) 말하기

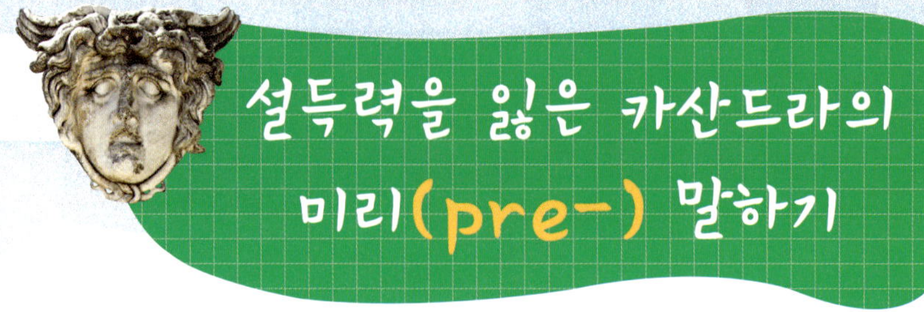

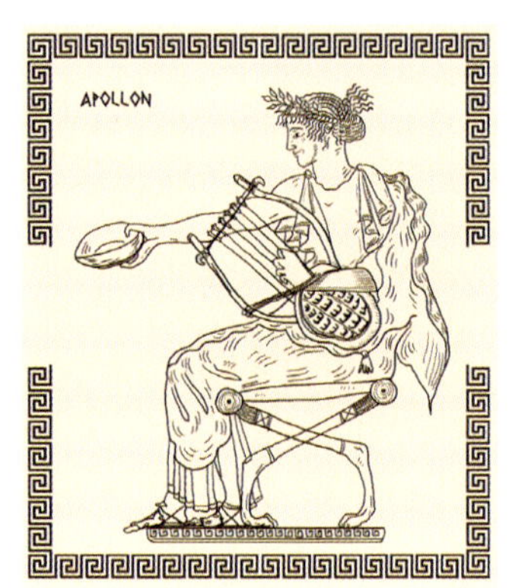

예언을 하는 카산드라

카산드라는 그리스로마 신화에 나오는 예언을 하는 여인이에요. 하지만 문제는 아무도 그녀의 예언을 믿지 않는다는 것이에요. 카산드라는 사랑을 미끼로 아폴론에게 예언력을 얻었지만 아폴론의 사랑을 받아주지 않았어요. 그러자 화가 난 아폴론은 그녀에게 준 예언력에서 설득력을 빼앗아 버렸어요. 그 후로 그녀가 어떤 옳은 말을 해도 아무도 믿어주지 않았어요. 그래서 '카산드라의 예언'이라고 하면 옳은 말이지만 아무도 믿지 않는 경우에 빗대어 사용해요. 또한 카산드라라는 이름은 나쁜 일이나 재앙을 예언하는 사람의 대명사로도 쓰이고 있어요. 영어에서 예언하다는 프리딕트(predict)라고 하는데 '미리 말하다'라는 뜻을 담고 있어요. 여기서 프리(pre-)는 '미리, 앞에, 앞선'의 뜻이 있어요.

- **pre**dict

  [pridíkt] **예언하다**
  미리pre 말하다dict이니 예언하다

- **pre**sident

  [prézədənt] **대통령**
  앞pre에 앉아 있는sid 사람이니 대통령

- **pre**serve

  [prizə́:rv] **보호하다, 보존하다**
  미리pre 도움serve을 주니 보호하다, 보존하다

- **pre**scription

  [priskrípʃən] **(의사가 약사에게 써주는) 처방**
  미리pre 써주는script 것이니 처방

- **pre**position

  [prèpəzíʃən] **전치사**
  앞에pre 두는pose 것이니 전치사

- **pre**pare

  [pripέ̀ər] **준비하다**
  미리pre 반듯하게 차려 놓다pare이니 준비하다

- **pre**vent

  [privént] **막다, 예방하다**
  미리pre 오다vent이니 막다, 예방하다

- **pre**fer

  [prifə́:r] **~을 더 좋아하다**
  다른 것보다 앞에pre 두니 ~을 더 좋아하다

predict
[pridíkt] **예언하다**
It is impossible to predict the future.
미래를 예견하는 것은 불가능하다.

president
[prézədənt] **대통령**
I can talk to the president.
대통령과 이야기해 볼게요.

preserve
[prizə́:rv] **보호하다, 보존하다**
The dog preserved him from danger.
개는 그를 위험에서 구했다.

prescription
[priskrípʃən] **(의사가 약사에게 써주는) 처방**
What I need is a prescription.
제가 필요한 건 처방전뿐이에요.

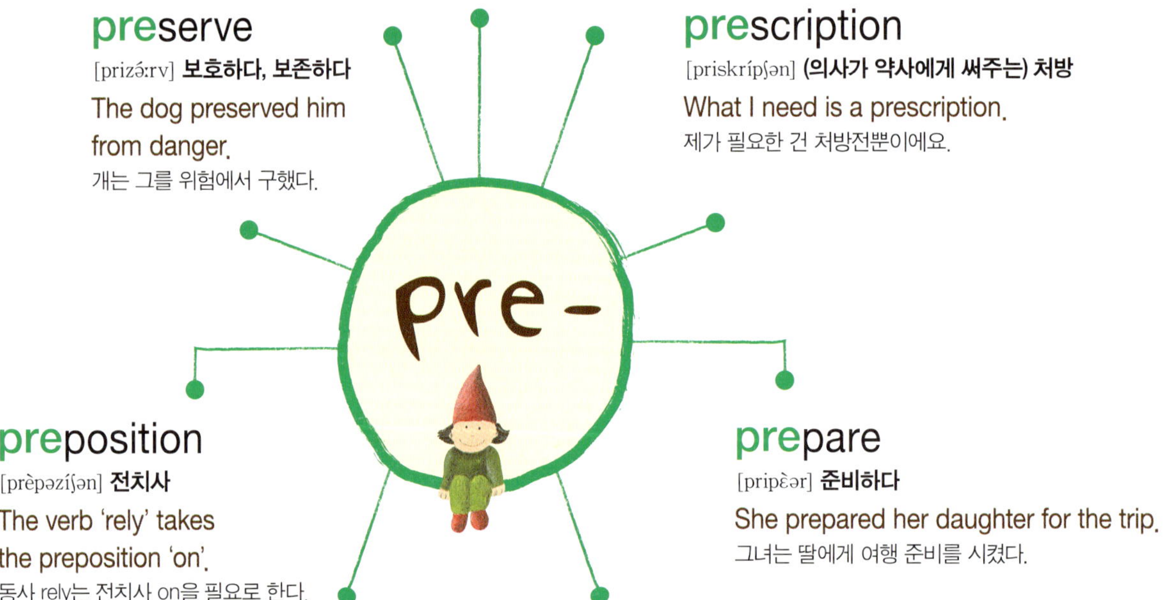

preposition
[prèpəzíʃən] **전치사**
The verb 'rely' takes the preposition 'on'.
동사 rely는 전치사 on을 필요로 한다.

prepare
[pripὲər] **준비하다**
She prepared her daughter for the trip.
그녀는 딸에게 여행 준비를 시켰다.

prevent
[privént] **막다, 예방하다**
Nothing can prevent it.
아무것도 그것을 막을 수 없다.

prefer
[prifə́:r] **~을 더 좋아하다**
I prefer spring to fall.
나는 가을보다 봄이 더 좋다.

Reading & Writing

- ✔ 예언하다 predict
- ☐ 대통령
- ☐ 보호하다
- ☐ 처방
- ☐ 전치사
- ☐ 준비하다
- ☐ 막다
- ☐ ~을 더 좋아하다

25

현미경으로 미생물(micro-)을 관찰한 파스퇴르

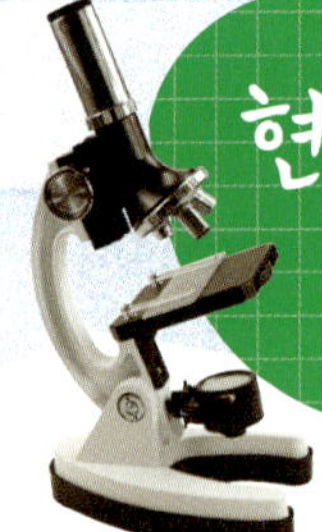

루이 파스퇴르는 19세기 프랑스의 미생물학자예요. 그는 오랜 연구 끝에 부패나 발효가 미생물의 작용임을 알아냈어요. 미생물이란 눈으로는 볼 수 없는 아주 작은 생물을 말하는데 보통은 세균이나 바이러스 등을 말해요. 이런 미생물은 눈으로 볼 수 없기 때문에 현미경을 이용해야만 볼 수 있어요. 현미경이란 눈으로 볼 수 없는 작은 사물을 눈으로 볼 수 있게 확

파스퇴르

대시켜 주는 기구를 말해요. 그래서 대부분의 미생물 연구는 현미경을 통해서 이루어져요. 파스퇴르도 당연히 현미경으로 많은 연구를 했어요. 이후 파스퇴르는 부패나 발효에 관한 것뿐만 아니라 유산균과 효모균 등도 발견하였어요. 또한 저온 살균법과 탄저병 그리고 광견병의 백신을 개발하여 면역학의 창시자가 되었어요. 이처럼 미생물을 볼 때 사용하는 기구인 현미경을 영어로 마이크로스코프(microscope)라고 하는데 여기서 마이크로(micro-)는 '아주 작다'라는 뜻이 있어요.

- **micro**scope
  [máikrəskòup] **현미경**
  아주 작은micro 물체를 보는 기구scope 이니 현미경

- **micro**phone
  [máikrəfòun] **마이크**
  아주 작은micro 소리를phone 크게 하는 것이니 마이크

- **micro**gram
  [máikrəgræm] **마이크로그램, 100만분의 1그램**
  아주 작은micro 질량의 단위이니 마이크로그램, 100만분의 1그램

- **micro**biology
  [màikroubɑiάlədʒi] **미생물학, 세균학**
  아주 작은micro 생물bio을 연구하는 학문logy이니 미생물학, 세균학

- **micro**be
  [máikroub] **미생물, 세균**
  아주 작은micro 생물을 말하니be 미생물. 세균

- **micro**biologist
  [máikrobɑiá:lədʒist] **미생물학자**
  이주 작은micro 생물bio에 내해 학문log하는 사람ist이니 미생물학자

microscope
[máikrəskòup] **현미경**

Who is looking into a microscope?
누가 현미경 안을 보고 있나요?

microphone
[máikrəfòun] **마이크**

The woman is singing
into the microphone.
여자가 마이크에 대고 노래를 부르고 있다.

microbiology
[màikrəgrǽm] **미생물학, 세균학**

What can I study microbiology?
미생물학은 무엇을 연구하나요?

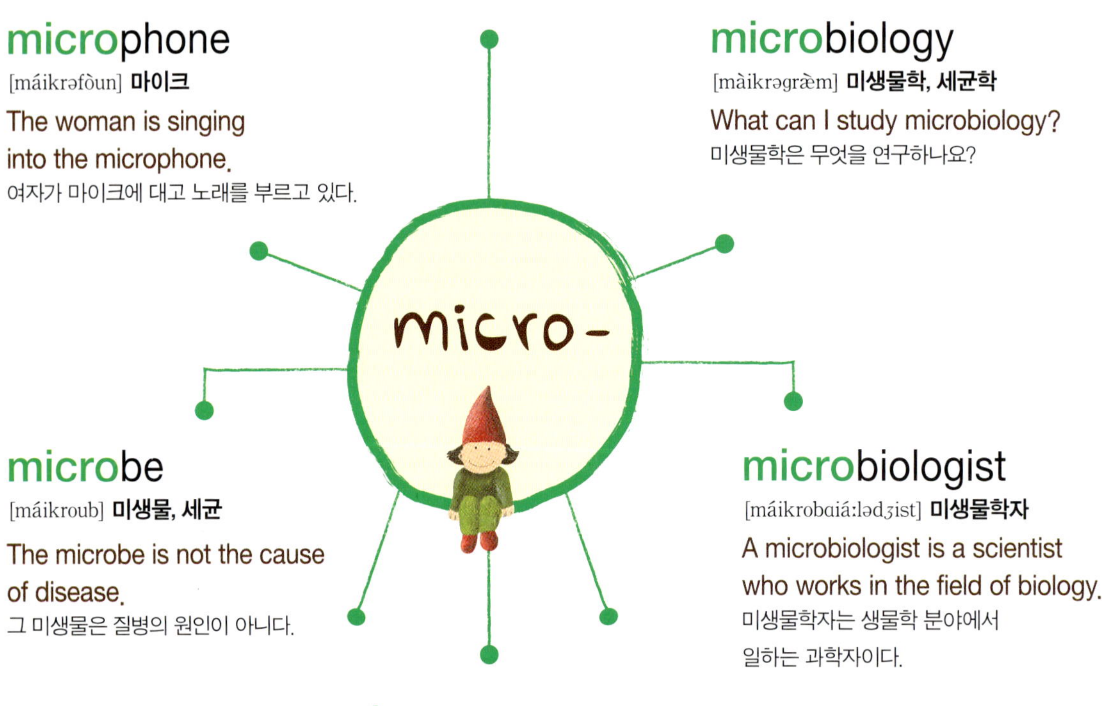

microbe
[máikroub] **미생물, 세균**

The microbe is not the cause
of disease.
그 미생물은 질병의 원인이 아니다.

microbiologist
[máikroubɑiá:lədʒist] **미생물학자**

A microbiologist is a scientist
who works in the field of biology.
미생물학자는 생물학 분야에서
일하는 과학자이다.

microgram
[máikroubɑiálədʒi] **마이크로그램, 100만분의 1그램**

Ecstasy can be lethal at 0.4micrograms.
엑스터시는 0.4마이크로그램으로 치명적일 수 있습니다.

✔ 현미경　microscope

☐ 마이크

☐ 마이크로그램

☐ 미생물학

☐ 미생물

☐ 미생물학자

Silhouette (실루엣)

실루엣(silhouette)은 창문에 비친 사람의 그림자나 불빛에 비친 물체의 그림자 그리고 미술에서는 윤곽 안을 검게 칠한 사람의 얼굴을 말해요. 원래 실루엣(silhouette)은 18세기 말 프랑스 관리의 이름이에요. 당시 그는 유럽 대륙에서 벌어진 7년 전쟁 때문에 발생한 엄청난 부채를 해결하기 위해 뭐든지 절약할 것을 국민들에게 강조했어요. 얼마나 강조를 했는지 나중에는 초상화도 검은색만으로 충분하다고 할 정도였어요. 이때부터 사람의 얼굴을 검게 칠하는 그림을 그 관리의 이름을 따서 실루엣(silhouette)이라고 말하게 되었어요.

비상시에 밖으로 (ex-) 나가는 비상구

위급 시 탈출하는 비상구

비상구는 사고에 대비하여 대피용으로 설치한 출구를 말해요. 사람들이 많이 모이는 건물이나 빌딩에는 반드시 설치를 해야 해요. 그래서 비상구 안내판은 항상 불이 들어 와 있어요. 그래야 얘기치 못한 사태에 사람들이 모두 안전하게 건물을 빠져나올 수 있으니까요. 그래서 어딜 가게 되면 항상 비상구의 위치를 미리 알아두는 것이 좋아요. 또 요즘은 해외로 나갈 일이 많으니까 다른 어떤 단어보다 이 단어는 생활 필수 단어예요. 누가 알아요? 비상구라는 단어 하나가 나의 생명을 구해줄지요. 영어로 비상구를 이멀전시 엑시트(emergency exit)라고 하는데 이멀전시(emergency)가 비상, 위급이라는 뜻이고 엑시트(exit-)가 출구라는 말이에요. 여기서 비상 상황 시 가장 중요한 것은 바로 출구라는 뜻의 엑시트(exit)이겠지요. 재빠르게 건물을 빠져나가야 하니까요. 엑시트(exit)중에 ex-가 '밖의, 밖으로'라는 의미가 있어요.

- **ex**it
  [éksìt] **출구**
  밖ex으로 나가는 곳이니 출구

- **ex**press
  [iksprés] **표현하다**
  감정이나 생각을 밖으로ex 밀어내다press이니 표현하다

- **ex**pect
  [ikspékt] **기대하다**
  (무언가를 기다리며) 밖으로ex 내다보다pect이니 기대하다

- **ex**hibit
  [igzíbit] **전시하다**
  여러 가지 물건 등을 밖으로ex 펼쳐 보게hibit 하니 전시하다

- **ex**port
  [ikspɔ́:rt] **수출하다**
  항구port를 통해서 밖으로ex 실어내니 수출하다

- **ex**cel
  [iksél] **능가하다, 남보다 낫다**
  (남보다) 밖으로ex 나가 서있으니 능가하다, 남보다 낫다

- **ex**cellent
  [éksələnt] **뛰어난, 아주 우수한**
  (남보다) 뛰어난 능력을 밖으로ex 드러내니 뛰어난, 아주 우수한

- **ex**hale
  [ekshéil] **숨을 내쉬다**
  숨을 밖으로ex 끌어내는hale 것이니 숨을 내쉬다

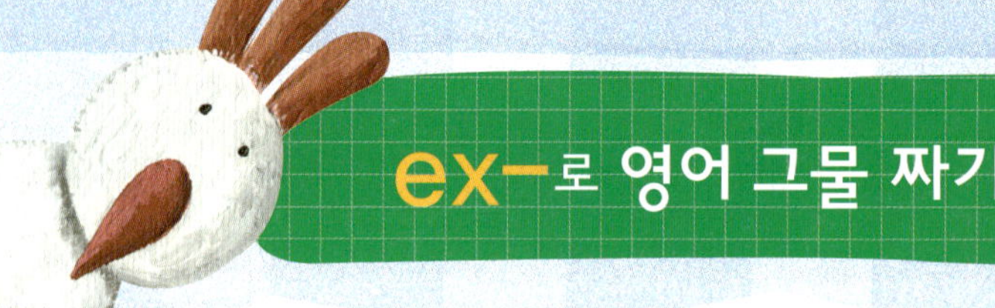

exit
[éksìt] **출구**
She waited for me at the exit.
그녀는 출구에서 나를 기다렸다.

express
[iksprés] **표현하다**
They just can't express it.
그저 표현을 못하는 것뿐이야.

expect
[ikspékt] **기대하다**
I expect that the weather will be nice.
날씨가 좋아질 것으로 기대한다.

exhibit
[igzíbit] **전시하다**
The feature of the exhibit is Picasso's works.
전시회의 볼거리는 피카소의 작품들이다.

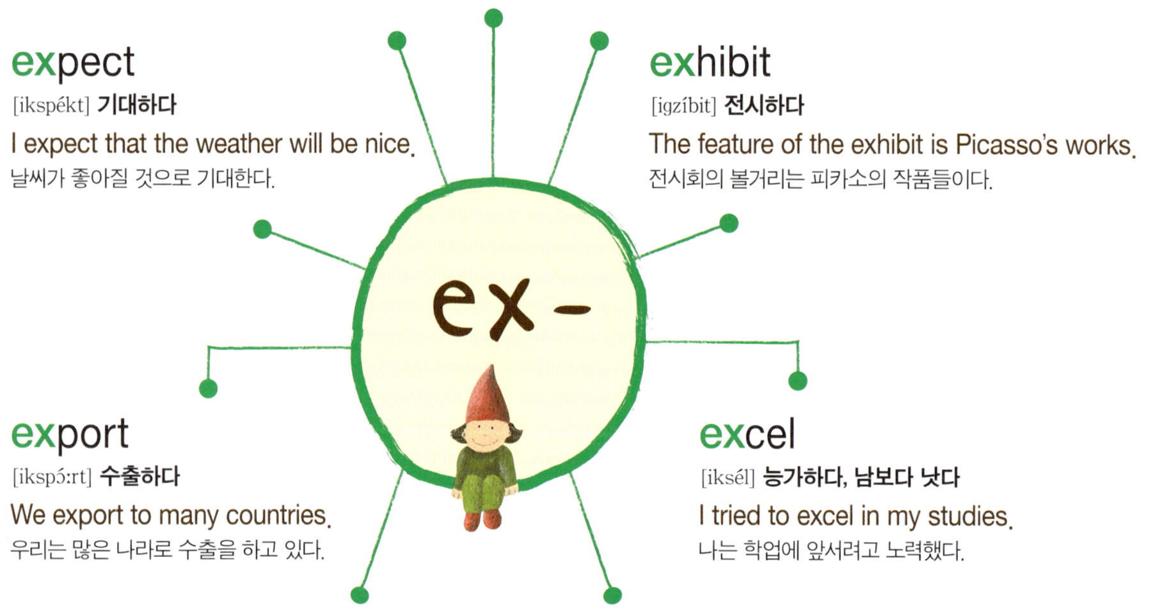

export
[ikspɔ́:rt] **수출하다**
We export to many countries.
우리는 많은 나라로 수출을 하고 있다.

excel
[iksél] **능가하다, 남보다 낫다**
I tried to excel in my studies.
나는 학업에 앞서려고 노력했다.

excellent
[éksələnt] **뛰어난, 아주 우수한**
She has excellent taste in clothes.
그녀는 옷에 대한 취향이 뛰어나다.

exhale
[ekshéil] **숨을 내쉬다**
Inhale deeply and exhale.
숨을 깊이 들이마시고 내쉬세요.

Reading & Writing

✔ 출구   exit

☐ 표현하다

☐ 기대하다

☐ 전시하다

☐ 수출하다

☐ 능가하다

☐ 뛰어난

☐ 숨을 내쉬다

27

다이어트에 좋은 무(-free-)설탕 음료

세금에서 자유로운 면세점

옛날에는 먹을 것이 없어서 어떻게 하면 한 끼라도 굶지 않고 제대로 먹을 수 있을까를 걱정했어요. 그래서 사람들은 연구에 연구를 거듭해 생산량이 많은 농작물을 개발했어요. 그런데 이제는 먹는 것이 너무 풍부해서 어떻게 하면 먹을 것을 절제하고 먹어도 살이 찌지 않는 음식이 없을까를 고민하고 있어요. 그래서 나오는 것들이 바로 다이어트 음식이에요. 다이어트 음식에는 살을 찌게 만드는 성분인 설탕이나 이런 것들이 빠져 있어요. 이처럼 설탕이 들어 있지 않은 무설탕을 영어로는 슈거프리(**sugar-free**)라고 해요. 설탕에서 자유롭다는 뜻이니까, 설탕이 없다는 뜻이에요. 프리(**free**)에는 자유라는 뜻이 있어 '~을 쓰지 않는, ~이 없는'의 뜻이 되는 것이지요.

~을 쓰지 않는, ~이 없다라는 뜻을 담고 있는 -free-

- salt-**free**　　[sɔ́ːlt-fríː] **소금이 없는, 무염의**
  소금**salt**에서 자유**free** 로우니 소금이 없는, 무염의

- sugar-**free**　　[ʃúgər-fríː] **설탕이 없는, 무설탕의**
  설탕**suga**에서 자유**free** 로우니 설탕이 없는, 무설탕의

- tax-**free**　　[tǽks-fríː] **면세의, 과세하지 않는**
  세금**tax**에서 자유**free**로우니 면세의, 과세하지 않는

free 공짜라는 뜻도 있어요.

- for **free**　　[fɔ́ːr fríː] **무료로, 무상으로**
  공짜**free**로 주는 것이니 무료로, 무상으로

- **free** of charge　　[fríː ʌv tʃáːrdʒ] **무료**
  유금, 청구 금액이**charge** 없으니**tree** 부료

free 진짜 자유로운, 자유롭게 ~할 수 있는 이라는 뜻도 있어요.

- **free** kick　　[fríː kík] **(축구에서) 프리킥**
  킥**kick**하는 동안 상대편의 방해가 없이**free** 차는 것이니 프리킥

- **free**lancer　　[fríːlǽnsər] **프리랜서**
  회사에 소속되지 않고 자유**free**롭게 일하는 사람이니 프리랜서

salt-free
[sɔ́:lt-frí:] **소금이 없는**
Fruits and vegetables are nearly salt-free.
과일과 채소는 거의 소금기가 없습니다.

tax-free
[tǽks-frí:] **면세의, 과세하지 않는**
Can I get it tax-free?
그걸 면세로 살 수 있습니까?

sugar-free
[ʃúgər-frí:] **설탕이 없는**
This is sugar-free gum.
이것은 무설탕 껌이에요.

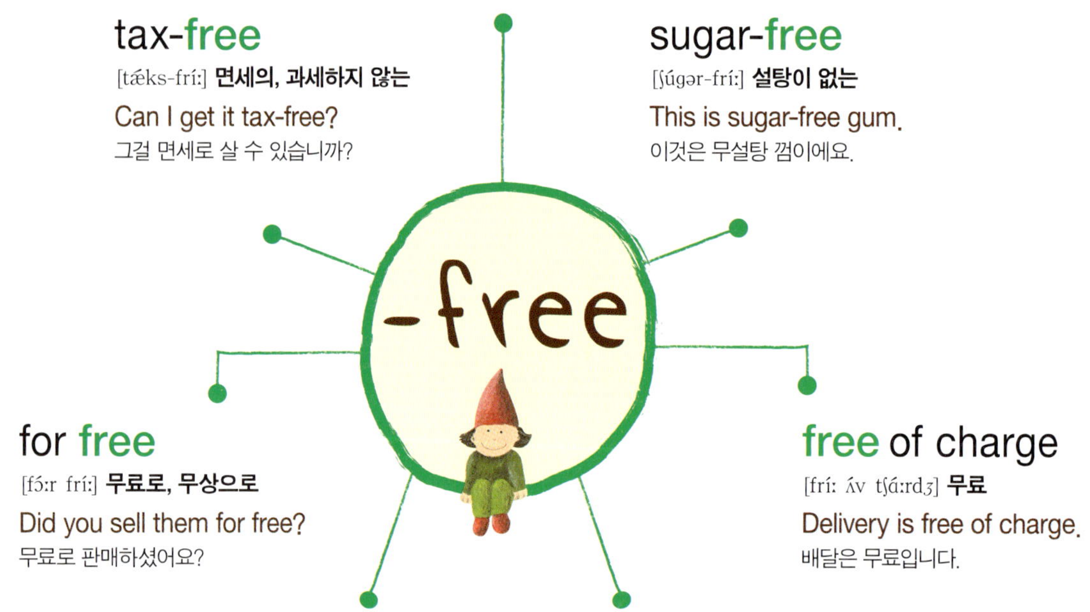

for free
[fɔ́:r frí:] **무료로, 무상으로**
Did you sell them for free?
무료로 판매하셨어요?

free of charge
[frí: ʌv tʃá:rdʒ] **무료**
Delivery is free of charge.
배달은 무료입니다.

free kick
[frí: kík] **(축구에서) 프리킥**
The second free kick was even better.
두 번째 프리킥이 더 잘 되었습니다.

freelancer
[frí:lǽnsər] **프리랜서**
She works as a freelancer.
그녀는 프리랜서로 일하고 있다.

- ✔ 소금이 없는 salt-free
- ☐ 설탕이 없는
- ☐ 면세의
- ☐ 무료로
- ☐ 무료
- ☐ 프리킥
- ☐ 프리랜서

28

공자가 말한 과(over-)유불급

공자

과유불급은 '지나침은 미치지 못함과 같다'는 뜻이에요. 여기서 과는 지나치다란 뜻이고 불급이 미치지 못하다는 뜻이에요. 이 말은 공자의 말씀을 기록한 책인 『논어』에 나오는 말로 『논어』는 사서삼경 중 하나예요. 사서삼경이란 공자가 주장한 유교의 기본 경전이 되는 책이에요. 사서삼경 중에 사서는 『논어』, 『맹자』, 『대학』, 『중용』을 말하고 삼경은 『시경』, 『서경』, 『주역』을 말해요. 영어로 지나침에 해당하는 오버(over-)는 외래어로도 즐겨 사용하고 있어요. 영어에 오버(over-)가 들어가면 '지나치다'라는 뜻을 만들어요.

지나치다라는 뜻을 담고 있는 over-

- **over**eat [òuvərí:t] **과식하다**
  너무 많이over 먹다eat이니 과식하다

- **over**sleep [òuvərslí:p] **늦잠자다**
  너무 많이over 자다sleep이니 늦잠자다

- **over**anxious [òuvərǽŋkʃəs] **지나치게 걱정하는**
  지나치게over 걱정하는anxious이니 지나치게 걱정하는

- **over**supply [òuvərsəplái] **과잉 공급하다**
  너무 많이over 공급하다supply이니 과잉 공급하다

over ~위에 라는 뜻도 있어요.

- **over**come [òuvərkám] **극복하다**
  위로over 넘어오다come이니 극복하다

- **over**hear [òuvərhíər] **엿듣다, 우연히 듣다**
  위에서over 상대방 모르게 듣다hear이니 엿듣다, 우연히 듣다

- **over**see [òuvərsí:] **감독하다**
  위에서over 두루 살펴보다see이니 감독하다

oversleep
[òuvərslí:p] **늦잠자다**
I overslept and was late for school.
나는 늦잠을 자서 학교에 지각했다.

overeat
[òuvərí:t] **과식하다**
It comes of overeating.
그것은 과식에서 온 것이다.

overanxious
[òuvərǽŋkʃəs] **지나치게 걱정하는**
My mother is overanxious about me.
우리 엄마는 저에게 너무 신경을 쓰세요.

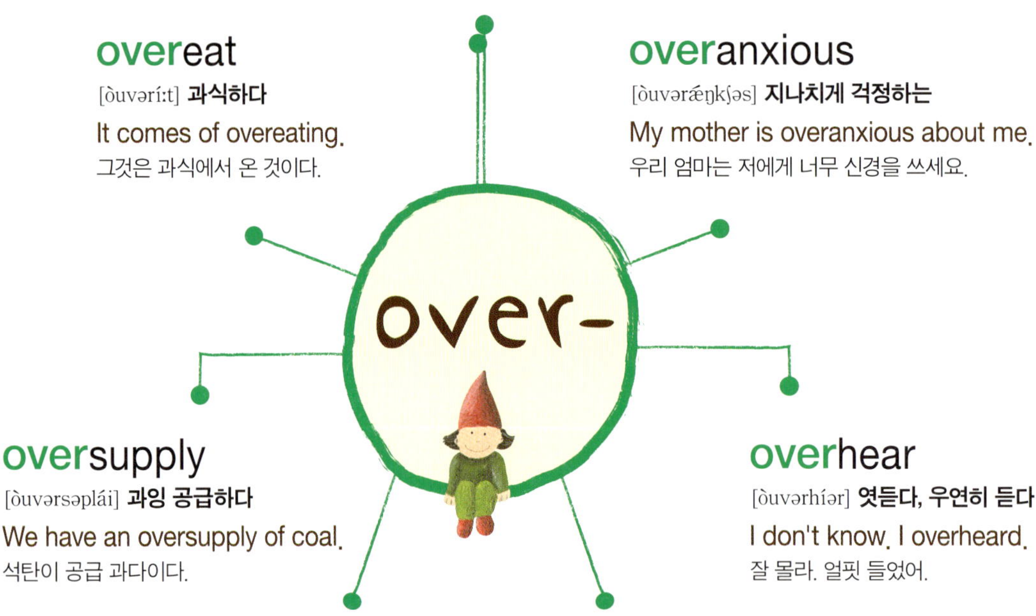

oversupply
[òuvərsəplái] **과잉 공급하다**
We have an oversupply of coal.
석탄이 공급 과다이다.

overhear
[òuvərhíər] **엿듣다, 우연히 듣다**
I don't know. I overheard.
잘 몰라. 얼핏 들었어.

overcome
[òuvərkʌ́m] **극복하다**
By overcoming your fear
두려움을 극복함으로써

oversee
[òuvərsí:] **감독하다**
I oversee all of our downtown branches.
시내 지점은 전부 제 감독입니다.

✔ 과식하다   overeat

☐ 늦잠자다

☐ 지나치게 걱정하는

☐ 과잉 공급하다

☐ 극복하다

☐ 엿듣다

☐ 감독하다

인간은 대화(-logue), (-log-)의 동물이다

대화

그리스의 유명한 철학자 아리스토텔레스는 '인간은 사회적 동물'이라고 했어요. 이 말은 인간은 혼자 살아갈 수 없고 작게는 가족에서부터 크게는 국가와 세계에 이르기까지 사회를 만들고 관계를 맺고 살아간다는 의미예요. 그러면 인간은 무엇을 이용해 사회적 관계를 맺고 살아갈까를 생각해 보면 바로 대화가 아닐까 해요. 인간이 동물하고 다른 점 중의 하나가 바로 말을 할 줄 안다는 것이지요. 바로 이 말이라는 대화를 통해 사람과 사람이 소통하면서 서로 간의 사회성을 유지할 수 있어요. 만약 사람이 대화를 할 수 없었다면 결코 지능도 발달하지 못하고 이만큼의 문명도 만들 수 없었을 것이에요. 결국 사람은 대화의 동물인 것이지요. 영어에서 '말'을 나타내는 의미가 담긴 것에는 로그(**-logue**, **-log-**)가 있어요.

- **dia**logue
  [dáiəlɔ́(ː)g] **대화**
  둘dia이 하는 말logue이니 대화

- **pro**logue
  [próulɔ̀ːg] **서두, 권두언, 프롤로그**
  미리 혹은 앞에서pro 하는 말logue이니 프롤로그, 서두, 권두언

- **epi**logue
  [épəlɔ̀ːg] **끝말, 후기, 에필로그**
  마지막epi에 더하는 말logue이니 끝말, 후기, 에필로그

- **mono**logue
  [mánəlɔ̀ːg] **독백**
  혼자mono 하는 말logue이니 독백

- **cata**logue
  [kǽtəlɔ̀ːg] **목록, 일람표, 카탈로그**
  전체cata를 말logue로 적어 놓은 것이니 목록, 카탈로그, 일람표

- apo**log**y
  [əpálədʒi] **사과**
  잘못을 사과하는 말logy이니 사과

- **log**ic
  [ládʒik] **논리**
  말을 조리logic있게 펼치는 것이니 논리

- **log**ical
  [ládʒikəl] **논리에 맞는, 타당한**
  말로 논리logic를 펼치는 것이니 논리에 맞는, 타당한

dialogue
[dáiəlɔ(ː)g] **대화**

The book is packed with dialogue.
이 책은 대화가 많습니다.

prologue
[próulɔ:g] **서두, 권두언, 프롤로그**

The prologue is usually
in the beginning of a book.
일반적으로 서두는 책의 처음에 있다.

epilogue
[épəlɔ:g] **끝말, 후기, 에필로그**

The movies ends with
an epilogue set in 2172.
영화는 2172년 배경을 설정한
에필로그에서 끝납니다.

monologue
[mánəlɔ:g] **독백**

He went into a long monologue about
life in America.
그는 미국 생활에 대한 긴 독백을 하기 시작했다.

apology
[əpálədʒi] **사과**

There's no apology needed.
사과할 필요는 없어.

catalogue
[kætəlɔ:g] **목록, 일람표, 카탈로그**

I've written off for the catalogue.
내가 카탈로그를 보내 달라는 편지를 보냈다.

logical
[ládʒikəl] **논리에 맞는, 타당한**

That is the logical thing.
거 확실한 해결책이네.

logic
[ládʒik] **논리**

You think the world runs on logic?
이 세상이 논리적으로 굴러간다고 생각하세요?

✔ 대화   *dialogue*

☐ 서두

☐ 후기

☐ 독백

☐ 목록

☐ 사과

☐ 논리

☐ 타당한

30

청진기(-scope) 하나로 인류를 구원한 슈바이처

슈바이처

어느 날 슈바이처는 엄마가 주는 고기 수프를 먹으려 하지 않고 외투도 입으려 하지 않았어요. 깜짝 놀란 엄마가 왜그러냐고 물었어요. 한참을 망설이던 슈바이처는 이유를 말했어요.

얼마 전 친구들과 힘겨루기를 했는데 힘겨루기에서 친구 게오르규가 지고 나서는 '나도 너처럼 고기 수프를 매일 먹는다면 절대 지지 않을 거야'라고 했다는 것이에요. 친구의 말에 슈바이처는 뒤통수를 얻어맞은 듯 충격을 느꼈어요. 그리고 세상에 눈을 뜨기 시작했어요.

"나만 이렇게 행복해도 되는 걸까?"

결국 슈바이처의 이런 생각은 대학교수 자리도 버리고 의사 공부를 다시 하게 만들었고 아프리카로 가서 평생 고통 받는 사람과 함께하게 했어요. 지금도 병원에 가면 의사 선생님이 청진기를 배에 대고 소리를 들어보면서 진료를 해요. 이 청진기를 영어로 스테트스코프(stethoscope)라고 해요. 여기서 스코프(-scope)는 '~를 보는 기구'라는 뜻이 있어요.

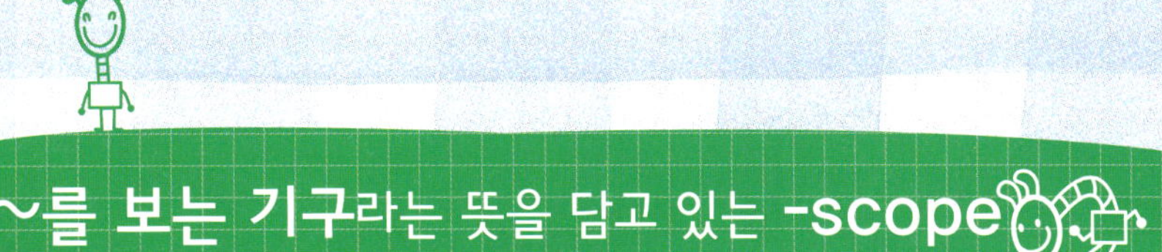

- micro**scope**   [máikrəskòup] **현미경**
  아주 작은micro 물체를 보는 기구scope이니 현미경

- stetho**scope**   [stéθəskòup] **청진기**
  가슴stetho에 대고 듣는 기구scope이니 청진기

- kaleido**scope**   [kəláidəskòup] **만화경**
  거울로 만든 색종이 등을 넣고 들여다보는 기구scope이니 만화경

- peri**scope**   [pérəskòup] **잠망경**
  주변peri을 보기 위해 잠수함에 쓰는 기구scope이니 잠망경

- endo**scope**   [éndəskòup] **내시경**
  신체 내부endo을 보는 기구scope이니 내시경

micro**scope**
[máikrəskòup] **현미경**
The bacteria were then examined under the microscope.
그런 다음 그 박테리아를 현미경으로 살펴보았다.

stetho**scope**
[stéθəskòup] **청진기**
she listens to your heart sounds with a stethoscope.
그녀는 청진기로 너의 심장 소리를 듣는다.

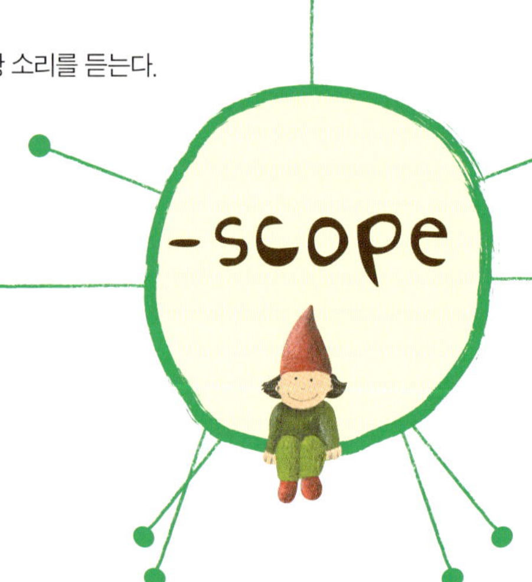

peri**scope**
[pérəskòup] **잠망경**
The periscope starts to move to shore.
잠망경은 해변으로 이동하기 시작합니다.

kaleido**scope**
[kəláidəskòup] **만화경**
At the height of laughter, the universe is flung into a kaleidoscope of new possibilities.
웃음의 절정에서 우주는 새로운 가능성의 만화경 속으로 빠져든다.

endo**scope**
[éndəskòup] **내시경**
The first endoscope was used in the Mater.
첫 내시경은 메이터에 의해 사용되었다.

Reading & Writing

✔ 현미경 microscope

☐ 청진기

☐ 만화경

☐ 잠망경

☐ 내시경

Hooligan (훌리건)

훌리건(hooligan)이란 특히 영국 축구에서 응원이 도를 넘어 난동의 수준까지 가는 사람을 말해요. 훌리건(hooligan)은 19세기 아일랜드 선술집 경비원으로 일하던 사람의 이름에서 유래했어요. 훌리건은 어느 날 경찰과 시비가 붙어 경찰관을 살해하여 징역을 살았어요.

축구에서 훌리건이 나타나기 시작한 것은 1960년대로 영국의 경제 사정이 나빠지면서 실업자와 빈민층이 늘어났어요. 이때 사람들은 축구를 응원하는 과정에서 난동을 부리면서 이 울분을 풀기 시작했어요. 이때부터 사람들은 이들을 경찰관을 살해한 훌리건에 빗대어 훌리건이라 부르면서 점차 이 말이 자리를 잡기 시작했어요.

31

너 자신(-self-)을 알라, 소크라테스

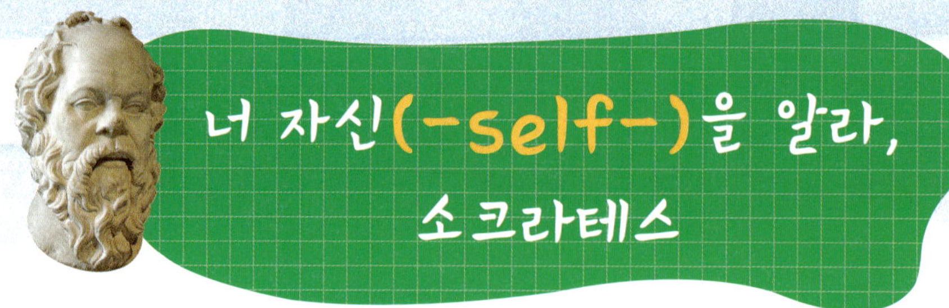

"너 자신을 알라"는 말은 고대 그리스의 철학자 소크라테스가 한 말로 유명해요. 이 말은 고대 그리스 델포이의 아폴론 신전 기둥에 새겨져 있어요. 그래서 엄격히 따지면 누가 한 말인지 분명하지 않지만 소크라테스가 자신의 철학을 널리 전파하는데 자주 인용하게 되면서 우리에게는 소크라테스가 한 말로 알려졌어요. 소크라테스는 평소 문답법을 통해 사람들이 자기 자신을 자각할 것을 호소했다고 해요. '내가 아는 것이 아무것도 없다'는 자기 자신을 깨닫는 것에서부터 진리를 향한 탐구가 시작된다는 것이에요.

아폴로 신전의 기둥

영어에서 '자기 자신'이라는 의미의 말은 셀프(-self-)가 붙어서 만들어지는 말이 대부분이에요. 그래서 너 자신을 유어셀프(yourself)라고 해요. 그러면 셀프(-self-)가 들어간 말을 알아볼까요.

자기 자신이라는 뜻을 담고 있는 -self- 

- **self** [sélf] **자기 자신**
  자기 자신self이니 자기 자신

- **myself** [maisélf] **나 자신**
  나my 자신self이니 나 자신

- **ourselves** [ɑːrsélvz] **우리 자신**
  우리our 자신들selves이니 우리 자신

- **yourself** [juərsélf] **당신 자신**
  당신your 자신self이니 당신 자신

- **himself** [himsélf] **그 자신**
  그him 자신self이니 그 자신

- **herself** [hərsélf] **그녀 자신**
  그녀her 자신self이니 그녀 자신

- **itself** [itsélf] **그것 자신**
  그것it 자신self이니 그것 자신

- **themselves** [ðəmsélvz] **그들 자신**
  그들them 자신selves이니 그들 자신

- **self-**respect

  [sélf-rispékt] **자존심**
  자기 자신self을 존중하는respect 것이니 자존심

- **self-**control

  [sélf-kəntróul] **극기**
  자신self의 욕망을 제어하는control 것이니 극기

- **self-**service

  [sélf-sə́:rvis] **셀프서비스**
  자신self에게 스스로 서비스service하는 것이니 셀프서비스

- **self-**confident

  [sélf-kánfədənt] **자신있는**
  자기 자신self을 믿는confident것이니 자신 있는

- **self-**conscious

  [sélf-kánʃəs] **자의식이 강한**
  자기 자신self에 대해 의식하고 있으니conscious 자의식이 강한

- **self-**centered

  [sélf-séntərd] **자기중심적인**
  자신self을 가운데에 놓으니contered 자기중심적인

myself
[maisélf] 나 자신
I got mad at myself.
나 자신에게 화가 났던 거야.

self
[sélf] 자기 자신
He had such a level of self-confidence.
그는 상당한 자신감을 가지고 있었다.

yourself
[juərsélf] 당신 자신
You must save yourself.
자기 자신을 지키게.

-self-

ourselves
[ɑːrsélvz] 우리 자신
We have to protect ourselves.
우리 자신을 보호해야 돼.

himself
[himsélf] 그 자신
He threw himself into his work.
그는 일에 몰두했디.

herself
[hərsélf] 그녀 자신
She killed herself.
그녀는 자살했다.

itself
[itsélf] 그것 자신
The door opened of itself.
문이 스스로 열렸다.

themselves
[ðəmsélvz] 그들 자신
They can take care of themselves.
자기들 스스로 알아서 할 거예요.

self-respect
[sélf-rispékt] **자존심**
He has much self-respect.
그는 자존심이 강하다.

self-control
[sélf-kəntróul] **극기**
All it takes is a little self-control.
자기 통제만 하면 되는 거야.

self-service
[sélf-sə́:rvis] **셀프서비스**
We have lunch at a self-service restaurant.
우리는 셀프서비스 식당에서 점심을 먹는다.

self-confident
[sélf-kánfədənt] **자신있는**
a self-confident manner
자신 있는 태도

self-conscious
[sélf-kánʃəs] **자의식이 강한**
Try not to act too shy or self-conscious.
너무 수줍어하거나 자의식이 강한 행동을 하지 않도록 하세요.

self-centered
[sélf-séntərd] **자기중심적인**
You're just self-centered.
당신은 자기중심적이야.

# Reading & Writing

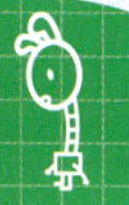

- ✔ 자기 자신   self
- ☐ 나 자신
- ☐ 우리 자신
- ☐ 당신 자신
- ☐ 그 자신
- ☐ 그녀 자신
- ☐ 그것 자신
- ☐ 그들 자신
- ☐ 자존심
- ☐ 극기
- ☐ 셀프서비스
- ☐ 자신 있는
- ☐ 자의식이 강한
- ☐ 자기중심적인

32

엄복동

엄복동 선수는 일제 강점기 우리나라 최초의 비행기 조종사 안창남과 더불어 힘들고 어려운 삶에 많은 희망을 불어넣은 사람이에요. 그래서 당시에는 "떴다 보아라! 하늘엔 안창남, 땅에는 엄복동"이라는 노랫말이 유행할 정도였다고 해요. 엄복동 선수는 자전거가 좋아서 자전거 점포의 종업원으로 일하다가 자전거에 남다른 재능을 발견했어요. 그래서 여러 자전거 대회에 참여하여 일본인 선수들을 물리치면서 일등을 차지했어요. 그래서 엄복동 선수가 참가하는 자전거 대회에는 사람들이 구름 떼처럼 모여들었던 것이지요. 자전거는 영어로 바이시클(bicycle)이라고 하는데 이 말의 뜻은 다음과 같아요. bi(두 개)+cycle(바퀴, 둥글다)라는 뜻이에요. 하지만 자전거는 바퀴가 두 개나 세 개, 네 개짜리도 있어요.

- **mono**cycle
[mánəsàikəl] **외발 자전거**
바퀴cycle가 하나mono인 자전거이니 외발 자전거

- **bi**cycle
[báisikl] **자전거**
바퀴cycle가 두 개bi 달려 있는 자전거이니 두발 자전거

- **tri**cycle
[tráisəkl] **세발 자전거**
바퀴cycle가 세 개tri 달려 있는 자전거이니 세발 자전거

- **motor**cycle
[móutərsàikl] **모터사이클, 오토바이**
전동기motor를 단 자전거cycle이니 모터사이클, 오토바이

- **life**cycle
[láifsáikl] **라이프사이클, 생활 주기**
생활life의 한 주기cycle인 라이프사이클, 생활 주기

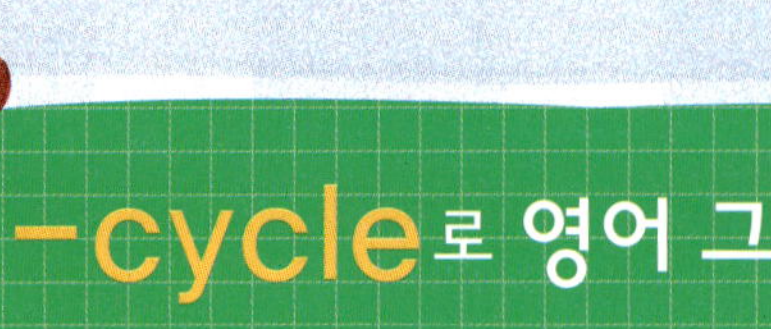

monocycle

[mánəsàikəl] **외발 자전거**

Now some people are falling off monocycles.
지금 몇몇 사람들이 외발 자전거에서 떨어졌어요.

bicycle

[báisikl] **자전거**

Who did win the bicycle race?
누가 자전거 경주에서 우승했습니까?

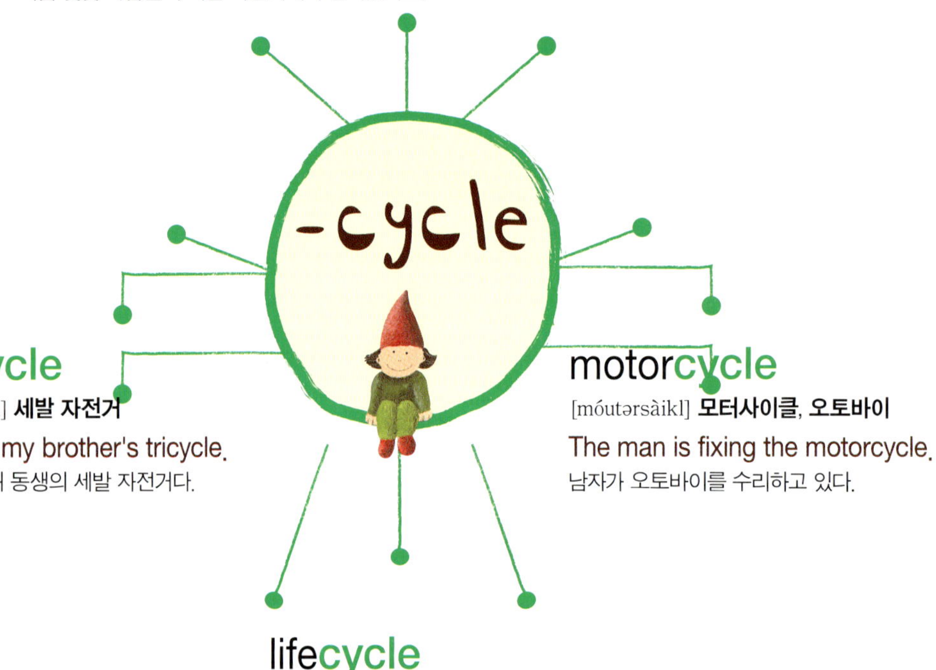

tricycle

[tráisəkl] **세발 자전거**

This is my brother's tricycle.
이것은 내 동생의 세발 자전거다.

motorcycle

[móutərsàikl] **모터사이클, 오토바이**

The man is fixing the motorcycle.
남자가 오토바이를 수리하고 있다.

lifecycle

[láifsáikl] **라이프사이클, 생활 주기**

Springtime is when their lifecycle begins.
봄은 그들의 라이프사이클이 시작되는 때이다.

142

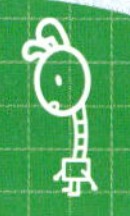

✔ 외발 자전거　monocycle

☐ 자전거

☐ 세발 자전거

☐ 오토바이

☐ 생활 주기

Chauvinism (쇼비니즘)

쇼비니즘(chauvinism)은 국수주의 혹은 광신적 애국주의를 가리키는 말이에요. 이 말은 국가의 이익이라면 수단과 방법을 가리지 않고 행동하는 것을 나타내요. 쇼비니즘(chauvinism)은 프랑스의 나폴레옹 시대에 나폴레옹 군대에 있었던 군인 니콜라 쇼뱅의 이름에 어원을 두고 있어요. 니콜라 쇼뱅은 열렬히 나폴레옹을 추종하여 부상을 당해도 굴하지 않고 무려 열일곱 번이나 나폴레옹을 위해 전투에 참가했다고 해요. 그래서 이때부터 광신적 애국주의를 그의 이름을 따서 쇼비니즘(chauvinism)이라고 불렀어요.

33

슈퍼맨 우표

슈퍼맨(superman)의 뜻은 아주 뛰어난 특별한 능력을 가진 사람을 말해요. 슈퍼맨이 우리에게 많이 알려진 이유는 특히 영화 〈슈퍼맨〉 때문에 그렇지요. 영화 〈슈퍼맨〉은 악한 짓을 저지른 사람을 정의의 이름으로 처단하고 보통 사람들의 어려움을 대신 해결하면서 우리에게 대리만족을 주어요. 영화에서 슈퍼맨 역할을 했던 영화배우는 안타깝게도 말에서 떨어져 척추를 다쳐 고생을 하다가 얼마 전 운명하고 말았어요. 역시 천하의 슈퍼맨도 현실 속에서는 인간의 한계를 결국 넘어서지 못한 것이지요. 슈퍼맨(superman)에서 슈퍼(super-)는 '위대하거나 대단하다'라는 뜻을 포함하고 있어요.

위대하다, 대단하다라는 뜻을 담고 있는 super-

- **super**market [súːpərmàːrkit] **슈퍼마켓**
  큰**super** 규모의 가게**market**이니 슈퍼마켓

- **super**man [súːpər-mæn] **초인, 슈퍼맨**
  대단한**super** 사람**man**이니 초인, 슈퍼맨

- **super**woman [súːpər-wùmən] **초인적인 여성, 슈퍼우먼**
  대단한**super** 여성**woman**이니 초인적인 여성, 슈퍼우먼

- **super**star [súːpər-stàːr] **초거성, 슈퍼스타**
  거대한**super** 별**star**이니 초거성, 슈퍼스타

- **super**-size [súːpər-sáiz] **초대형의**
  매우 큰**super** 크기**size**이니 초대형

- **super**b [suːpə́ːrb] **훌륭한, 뛰어난**
  대단한**super** 이니 훌륭한, 뛰어난

supermarket

[sú:pərmà:rkit] **슈퍼마켓**

People are shopping in a supermarket.
사람들이 슈퍼마켓에서 물건을 사고 있다.

superman

[sú:pər-mæn] **초인, 슈퍼맨**

Even a superman cannot do everything.
슈퍼맨일지라도 모든 것을 할 수는 없다.

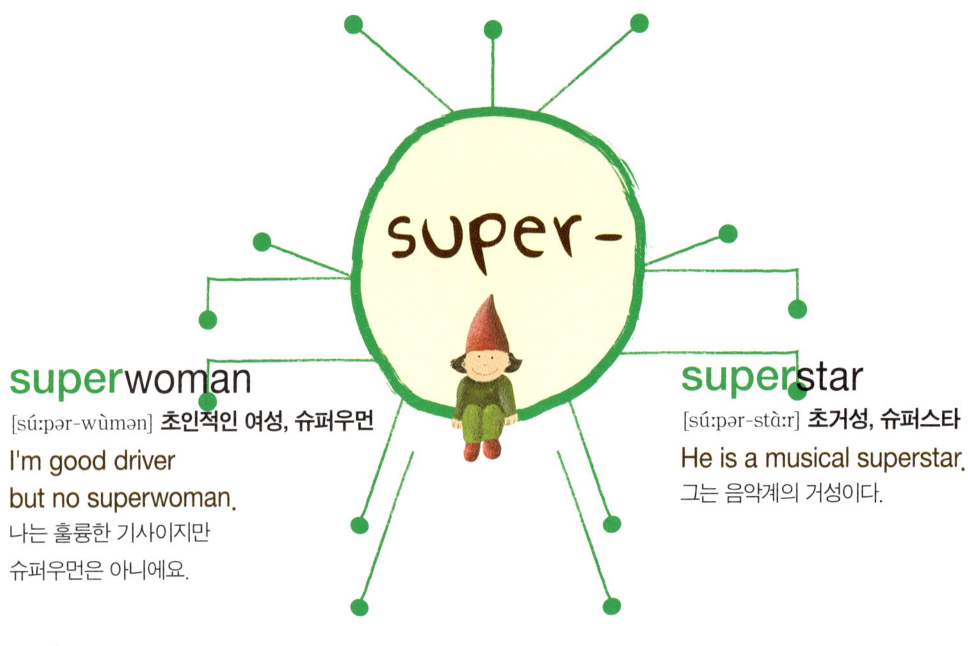

superwoman

[sú:pər-wùmən] **초인적인 여성, 슈퍼우먼**

I'm good driver
but no superwoman.
나는 훌륭한 기사이지만
슈퍼우먼은 아니에요.

superstar

[sú:pər-stà:r] **초거성, 슈퍼스타**

He is a musical superstar.
그는 음악계의 거성이다.

super-size

[sú:pər-sáiz] **초대형의**

Would you like to super-size that?
큰 걸로 드릴까요?

superb

[su:pə́:rb] **훌륭한, 뛰어난**

He is also a superb actor.
그는 게다가 훌륭한 배우이기도 해.

Reading & Writing

✔ 슈퍼마켓   supermarket

☐ 슈퍼맨

☐ 슈퍼우먼

☐ 슈퍼스타

☐ 초대형의

☐ 훌륭한

Etiquette (에티켓)

에티켓(etiquette)은 프랑스어 '붙이다'에서 유래한 말로 나무 말뚝에 붙인 표지라는 뜻이에요. 중세의 유럽은 매우 지저분하고 비위생적이었어요. 심지어 왕조차도 목욕을 자주 하지 않아 머리에 이가 득실거릴 정도였고 사람들은 아무데서나 볼일을 보았고 집에는 화장실도 없었어요. 그래서 방안에서 볼일을 보고 인분을 창밖으로 던져버렸기 때문에 길에는 온통 인분들로 가득 찰 정도였어요. 이런 행동이 너무 심하다보니 궁전 앞까지 똥으로 더러워지자 궁전 앞에서만은 용변을 보지 말라고 나무 말뚝에 붙인 표지인 에티켓(etiquette)을 세우게 되었고 이때부터 에티켓(etiquette)은 점차 예의를 나타나낸 말로 널리 퍼지면서 오늘날 예의, 예절의 뜻으로 자리 잡았어요.

미국항공우주국(NASA)은 컬럼비아 호와 챌린저호에 이어 1984년 8월 30일 우주왕복선 디스커버리(**discovery**)호를 쏘아 올렸어요. 우주왕복선 디스커버리호의 이름은 18세기 하와이 섬을 발견한 영국 탐험가 쿡 선장이 사용하던 배 이름을 따서 지은 것이에요. 디스커버리(**discovery**)는 발견하다는 뜻을 담고 있으니 탐험가에게 어울리는 배 이름이었어요. 미국항공우주국도 우주왕복선을 디스커버리(**discovery**)라고 이름 지은 것은 미지의 우주에서 많은 것을 발견하라는 역사적 의미를 담아서 그렇게 이름을 붙였겠지요. 우리말로 발견인 영어의 디스커버리(**discovery**)는 '덮어놓은 것을 벗긴다'는 의미가 있어요. **dis**(반대)+**covery**(덮음)인 것이에요. 그래서 디스(**dis-**)는 뭔가 '반대'의 의미를 줄 때 앞에 붙이는 말이에요.

큰곰자리에 있는 우주 은하들

반대라는 뜻을 담고 있는 dis-

- **dis**cover
[diskΛvər] **발견하다**
덮은cover 것을 반대로dis 벗겨내니 발견하다

- **dis**count
[dískaunt] **할인하다, 깎아 주다**
제대로 계산하지count 않으니 dis 할인하다, 깎아 주다

- **dis**like
[disláik] **싫어하다**
좋아하지like 않는dis 다는 뜻이니 싫어하다

- **dis**agree
[dìsəgríː] **반대하다**
동의하지agree 않으니 dis 반대하다

- **dis**appear
[dìsəpíər] **사라지다**
나타나지appear 않으니 dis 사라지다

- **dis**courage
[diskə́ːridʒ] **낙담시키디**
용기courage를 잃게 하니 dis 낙담시키다

- **dis**arm
[disáːrm] **무장을 해제하다**
무장하지arm 않고dis 있으니 무장을 해제하다

- **dis**charge
[distʃáːrdʒ] **(짐을) 내리다**
짐을 지우지charge 않으니 dis (짐을) 내리다

discover

[diskʌ́vər] **발견하다**

Only later did she discover a talent for writing.
나중에서야 그녀는 글쓰기에 대한 재능을 발견했다.

discount

[dískaunt] **할인하다, 깎아 주다**

Do you have any student discounts?
학생 할인 같은 거 해줘요?

disagree

[dìsəgríː] **반대하다**

On that point we disagree.
그 점에서 우리는 의견이 맞지 않는다.

dislike

[disláik] **싫어하다**

I dislike this kind of food.
이런 음식은 싫다.

disarm

[disáːrm] **무장을 해제하다**

A smile has a magical power to disarm people.
웃음은 사람들을 무장 해제시켜주는 마법의 힘을 갖고 있다.

disappear

[dìsəpíər] **사라지다**

Where did you disappear to after the game?
경기 끝난 후 어디로 사라졌던 거예요?

discharge

[distʃáːrdʒ] **(짐을) 내리다**

discharge waste into a river.
폐기물을 강으로 배출하다.

discourage

[diskə́ːridʒ] **낙담시키다**

It is discouraging to read the newspapers.
신문을 읽으면 기운이 빠진다.

Reading & Writing

✔ 발견하다　discover

☐ 할인하다

☐ 싫어하다

☐ 반대하다

☐ 사라지다

☐ 낙담시키다

☐ 무장을 해제하다

☐ (짐을) 내리다

35

천재지변이 불러오는 공포(-phobia)

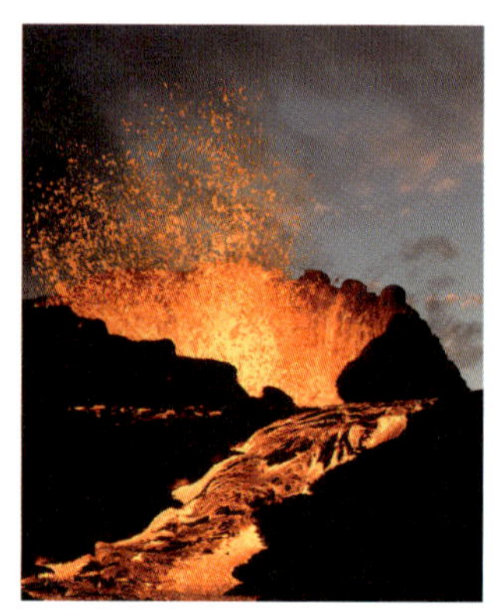

폭발하는 화산

천재지변이란 기상, 지변, 생물 등의 갑작스러운 자연현상으로 생긴 재난으로 사람의 실수에 의해 일어난 인재와 구별되는 말이에요. 대표적인 천재지변으로는 지진, 화산 폭발, 폭풍 등이 있어요. 특히 최근에는 지구 온난화 등의 이상 기온으로 인한 천재지변이 많이 일어나고 있어요. 뿐만 아니라 지진에 의한 쓰나미의 공포는 이루 말할 수 없어요. 천재지변에 의한 공포는 다양한 재난 영화를 통해서도 우리에게 점차 심각한 메시지를 전달하고 있어요. 직접 당하지 않고 뉴스로만 접하더라도 밀려오는 공포는 아주 대단해요. 지진 등에 의한 천재지변은 인간이 얼마나 자연 앞에 나약한 존재인가를 여실히 보여 주는 것이에요. 이는 인간이 자연에 대해 겸손해야 함을 깨우쳐 주는 것이기도 해요. 그렇다고 너무 공포에 떨 필요는 없겠지요. 대신 항상 천재지변에 대비하는 자세와 태도가 필요해요. 영어에서 '공포'의 의미를 나타내는 말로는 포비아(-phobia)가 있어요.

공포라는 뜻을 담고 있는 –phobia

- mono**phobia** — [mɑ̀nəfóubiə] **고독 공포증**
  혼자mono 있어 생기는 공포phobia이니 고독 공포증

- zoo**phobia** — [zòuəfóubiə] **동물 공포증**
  동물zoo을 무서워하는 공포phobia이니 동물 공포증

- acro**phobia** — [ækrəfóubiə] **고소 공포증**
  높은 곳acro을 무서워하는 공포phobia이니 고소 공포증

- astra**phobia** — [æstrəfóubiə] **천둥, 번개 공포증**
  별을astra 무서워하는 공포phobia이니 천둥, 번개 공포증

- bacterio**phobia** — [bæktìəriəfóubiə] **세균 오염 공포증**
  세균bacterio에 감염될까 두려워하는 공포phobia이니 세균 오염 공포증

- anthro**phobia** — [ænθrəfóubiə] **대인 공포증**
  사람anthro 만나기를 무서워하는 공포phobia이니 대인 공포증

monophobia

[mànəfóubiə] **고독 공포증**

I have monophobia.
나는 고독 공포증이 있어요.

zoophobia

[zòuəfóubiə] **동물 공포증**

Recognize that you have zoophobia.
당신은 동물 공포증이 있다고 인식하고 있습니다.

acrophobia

[ǽkrəfóubiə] **고소 공포증**

I can't go skiing
because I have acrophobia.
난 고소 공포증이 있어서
스키를 타지 못해.

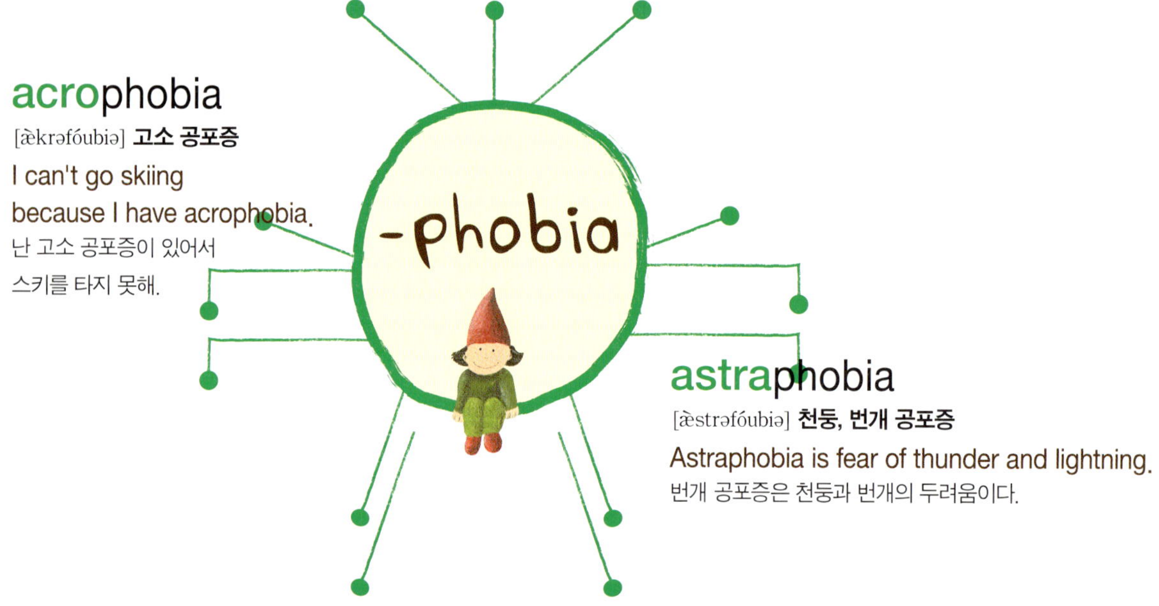

astraphobia

[ǽstrəfóubiə] **천둥, 번개 공포증**

Astraphobia is fear of thunder and lightning.
번개 공포증은 천둥과 번개의 두려움이다.

bacteriophobia

[bæktìəriəfóubiə] **세균 오염 공포증**

Bacteriophobia is the fear of bacteria.
세균 오염 공포증은 세균에 두려움이 있습니다.

anthrophobia

[ǽnθrəfóubiə] **대인 공포증**

For the time being I suffered
anthrophobia.
한동안은 대인공포증에 시달렸어요.

Reading & Writing

✔ 고독 공포증　monophobia

☐ 동물 공포증

☐ 고소 공포증

☐ 번개 공포증

☐ 세균 오염 공포증

☐ 대인 공포증

Stardom (스타덤)

스타덤(stardom)은 스타의 지위나 반열을 말해요. 먼저 스타는 하늘의 별을 말하지만 인기 있는 배우나 각 분야에서 별처럼 빛나는 사람을 가리키는 말이기도 해요. 그런데 유명하지 않은 배우나 사람이 어느 날 갑자기 인기를 얻으면서 스타가 되면 우리는 그런 사람을 스타덤(stardom)에 올랐다고 해요. 스타덤(stardom)이라는 말을 제일 처음 쓴 사람은 미국의 유명한 단편 소설가 오 헨리라고 해요. 오 헨리는 자신의 단편 소설에서 이 말을 처음 썼고 이 소설은 오 헨리가 죽고 난 다음에 출간되었다고 해요.

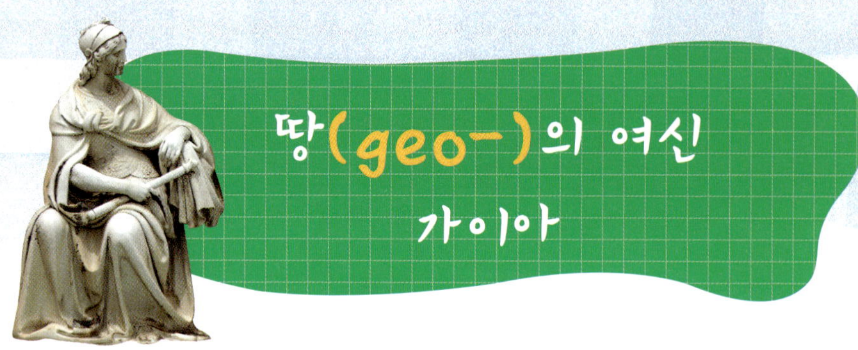

36

가이아

그리스의 역사학자 헤시오도스가 지은 『신통기』에 따르면 올림포스의 신들이 세상을 지배하기 전에 무한한 공간인 카오스가 생기고, 땅을 다스리는 여신으로는 가이아(Gaia)가 있었다고 해요. 땅의 여신 가이아는 잠을 자던 중 우라노스를 낳았고 우라노스가 하늘로 올라가 감사의 마음으로 비를 내렸는데 이로 인해 땅속에 잠자던 모든 씨앗들이 생명을 얻게 되었다고 해요. 그리고 나중에 우라노스를 대신하는 하늘의 신이 나타났는데 그가 바로 제우스 신이에요. 그리스로마 신화에서는 신들의 대부분은 가이아의 혈통을 이어받았고 인류의 역사도 마찬가지라고 전하고 있어요. 고대 그리스에서는 가이아를 만물의 어머니로 숭배했어요. 그래서 영어 지아(geo-)는 땅의 여신 가이아(Gaia)의 이름에 그 어원을 두고 있어요. 의미도 만물의 근원인 '땅'과 관련되어 있어요.

땅이라는 뜻을 담고 있는 geo-

- **geo**logy [dʒiɑ́lədʒi] **지질학**
  땅**geo**을 공부하는 학문**logy**이니 지질학

- **geo**logist [dʒiɑ́lədʒist] **지질학자**
  땅**geo**에 관련된 지질학을 연구하는 사람**ist**이니 지질학자

- **geo**graphy [dʒiɑ́grəfi] **지리, 지리학**
  땅**geo**을 그리는**graph** 것이니 지리, 지리학

- **geo**grapher [dʒiɑ́grəfər] **지리학자**
  땅**geo**을 그리는**graph** 사람**er**이니 지리학자

- **geo**thermal [dʒiːouθə́ːrməl] **지열의**
  땅**geo**의 온도**thermal**가 있으니 지열의

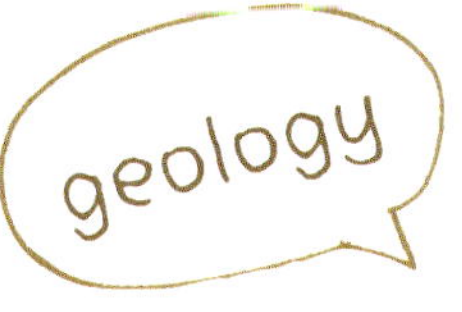

geologist
[dʒiálədʒist] **지질학자**

I am a geologist by training.
나는 훈련된 지질학자입니다.

geology
[dʒiálədʒi] **지질학**

We went on a geology field trip.
우리는 지리학 현장 학습을 갔다.

geographer
[dʒiágrəfər] **지리학자**

In 1967 he married Lucy Caroe,
historical geographer.
1967년 그는 역사 지리학자인 루시 카로와 결혼했다.

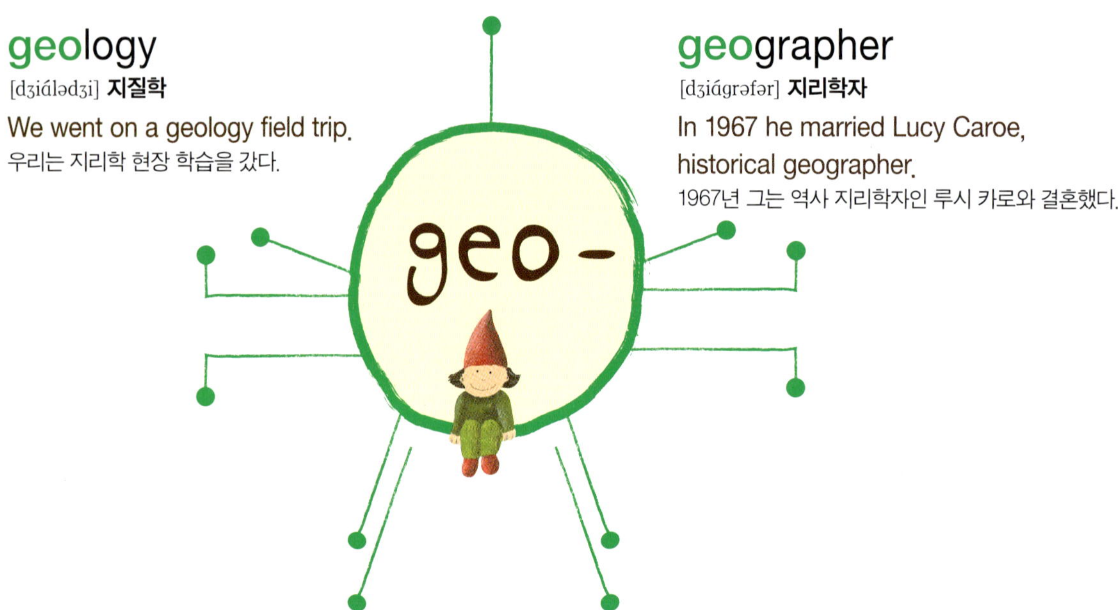

geography
[dʒiágrəfi] **지리, 지리학**

English isn't my thing,
but geography is my favorite.
영어는 내 마음에 드는 과목이 아니지만 지리는 좋아해.

geothermal
[dʒi:ouθə́:rməl] **지열의**

Geothermal energy is the way of the future.
지열 에너지는 미래의 방법입니다.

Reading & Writing

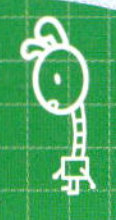

✔ 지질학 geology

☐ 지질학자 _______________________

☐ 지리 _______________________

☐ 지리학자 _______________________

☐ 지열의 _______________________

Paper (종이)와 page (쪽)

영어로 종이(paper)의 어원은 옛닐 종이 억힐을 흰 갈대의 일종인 파피루스(papyrus) 에서 왔어요. 기원진 3000년경 이집드의 어떤 힉자가 양가죽에 글을 쓰는 게 너무 불 편하여 방법을 찾다가 우연히 갈대의 일종인 파피루스(papyrus)가 가볍고 쓰기 쉽다 는 것을 알았어요. 그때부터 파피루스는 널리 쓰였고 이것이 오늘날 종이라는 뜻의 페 이퍼(paper)의 어원이 되었어요. 그리고 한 쪽, 두 쪽을 의미하는 페이지(page)도 여기 에 어원을 두고 있어요.

37

메이저 대회 석권
그랜드(grand-) 슬램

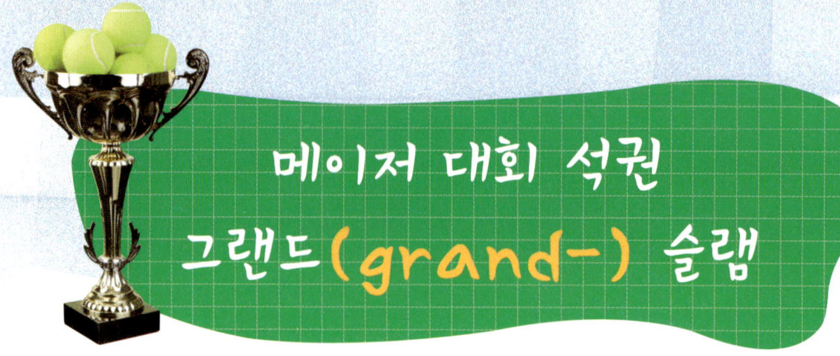

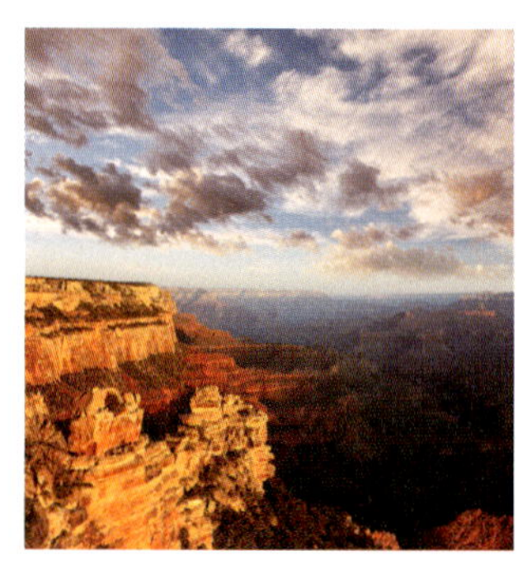

미국의 그랜드 캐니언

원래 그랜드 슬램은 카드놀이인 브리지게임에서 패 13장 전부를 따 압승을 거두는 용어에서 나왔어요. 스포츠에서는 골프와 테니스의 경우 4대 메이저 대회를 모두 석권하는 것을 의미해요. 그리고 야구에서는 만루 홈런을 말할 때 쓰여요. 메이저 대회란 제일 크고 유명한 대회를 말하는 것이에요.

테니스의 4대 메이저 대회는 프랑스 오픈, 영국 윔블던 오픈, 미국 US 오픈, 호주 오픈을 말해요. 이 대회는 큰 대회인 만큼 다른 경기와는 비교가 되지 않는 상금과 권위 그리고 관심을 자랑해요. 테니스에서 이 4개 대회를 모두 우승한 선수에게 그랜드 슬램을 달성했다고 말해요. 그러니까 그랜드(grand-)는 '크고 웅장하다'는 뜻이 있는 것이에요.

크고 웅장하다라는 뜻을 담고 있는 grand-

- **grand** canyon
  [grǽnd-kǽnjən] **그랜드 캐니언**
  미국 아리조나주 콜로라도강의 크고 웅장한 grand 협곡 canyon이니 그랜드 캐니언

- **grand** slam
  [grǽnd-slǽm] **그랜드 슬램**
  한 시즌의 각종 큰 grand 경기에서 모두 우승하는 것이니 그랜드 슬램

- **grand**eur
  [grǽndʒər] **장대함, 웅장함**
  크고 웅장하니 grand 장대함, 웅장함

grand- 가족 관계에서는 1세대 전후의 뜻을 가지고 있는 낱말을 만들어요.

- **grand**parent
  [grǽndpɛ̀ərənt] **조부모**
  부모보다 1세대 앞선 grand 부모 parent이니 조부모

- **grand**father
  [grǽndfɑ̀ːðər] **할아버지**
  아버지(어머니)보다 1세대 앞선 grand 아버지 father이니 할아버지

- **grand**mother
  [grǽndmʌ̀ðər] **할머니**
  아버지(어머니)보다 1세대 앞선 grand 어머니 mother이니 할머니

- **grand**son
  [grǽndsʌ̀n] **손자**
  아들(딸)보다 1세대 뒤에 grand 태어난 아들 son이니 손자

- **grand**daughter
  [grǽnddɔ̀ːtər] **손녀**
  아들(딸)보다 1세대 뒤에 grand 태어난 딸 daughter이니 손녀

grand canyon
[grǽnd-kǽnjən] 그랜드 캐니언
I received a postcard with a view of the Grand Canyon from her.
그녀에게서 그랜드 캐니언의 그림엽서를 받았다.

grand slam
[grǽnd-slǽm] 그랜드 슬램
Will France win the grand slam this year?
프랑스가 올해 그랜드 슬램을 할까?

grandeur
[grǽndʒər] 장대함, 웅장함
He has a sense of grandeur about him.
그에게는 어딘지 위엄 어린 데가 있다.

grandparent
[grǽndpὲərənt] 조부모
She's with her grandparents in texas.
텍사스에 할아버지 할머니랑 같이 있어요.

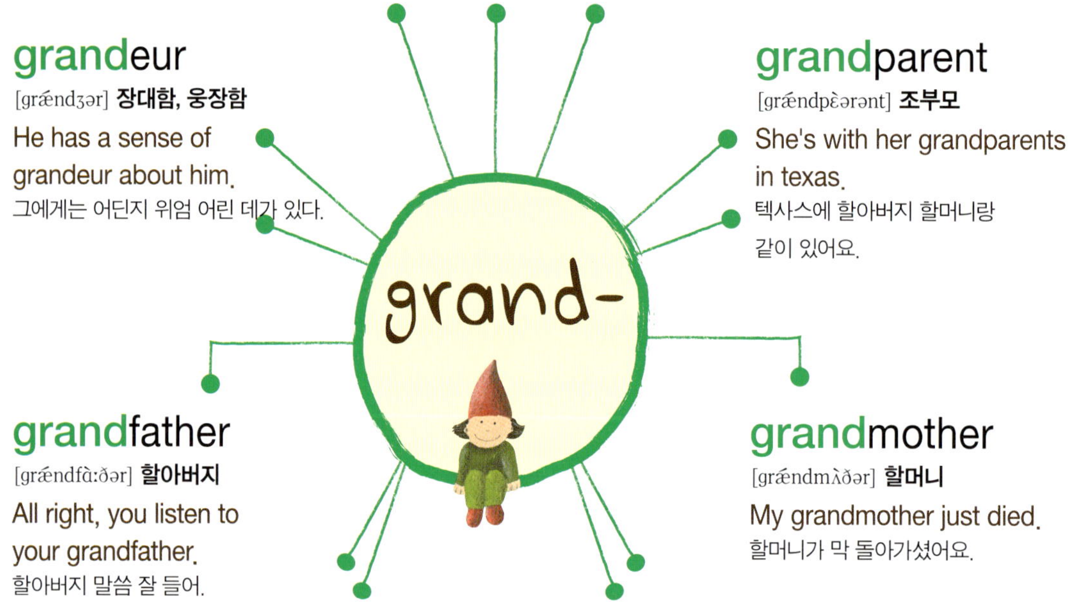

grandfather
[grǽndfà:ðər] 할아버지
All right, you listen to your grandfather.
할아버지 말씀 잘 들어.

grandmother
[grǽndmʌðər] 할머니
My grandmother just died.
할머니가 막 돌아가셨어요.

grandson
[grǽndsʌ̀n] 손자
I want to see my grandson.
손자를 한번 보고 싶구나.

granddaughter
[grǽnddɔ́:tər] 손녀
She has a granddaughter.
손녀가 한 명 있네요.

✔ 그랜드 캐니언   grand canyon

☐ 그랜드 슬램

☐ 장대함

☐ 조부모

☐ 할아버지

☐ 할머니

☐ 손자

☐ 손녀

38

청개구리가 되고 싶을 땐 (in-, im-, un-)

반대

경찰과 맞서고 있는 시민들

청개구리처럼 뭐든지 반대로 하고 싶을 땐 영어도 우리말처럼 앞에 뭔가 낱말을 붙여서 '반대나 부정'의 뜻을 나타낼 수 있어요. 먼저 우리말로 살펴보면 소식의 반대는 무가 붙어서 무소식, 완전한의 반대말은 불이 앞에 붙어서 불완전한 등이 되어요. 이런 말을 접두사라고 해요 접두사란 앞에 붙는 말이라는 뜻이에요. 그러니까 어근이나 단어의 앞에 붙어 새로운 뜻의 낱말이 되게 하는 것을 말해요. 그렇다고 꼭 접두사가 반대의 말만을 만드는 것은 아니에요. 하지만 여기서는 모두 반대의 뜻을 나타내고 있어요. 영어에서 바로 이런 역할을 하는 것들이 인(in-), 임(im-), 언(un-) 등이에요.

반대, 부정의 뜻을 담고 있는 in-, im-, un-

- **in**correct
  [ìnkərékt] **틀린, 부정확한**
  정확하지correct 않은in 것이니 틀린, 부정확한

- **in**famous
  [ínfəməs] **불명예스러운, 악명 높은**
  명예롭지, 유명하지famous 않은in 것이니 불명예스러운, 악명 높은

- **in**credible
  [inkrédəbl] **믿을 수 없는**
  믿을 만하지credible 않은in 것이니 믿을 수 없는

- **in**finite
  [ínfənət] **무한한, 한계가 없는**
  한정finite되지 않는in 것이니 무한한, 한계가 없는

- **in**formal
  [infɔ́ːrməl] **격식에 얽매이지 않는, 허물없는, 편안한**
  격식을 차리지formal 않는in 것이니
  격식에 얽매이지 않는, 허물없는, 편안한

- **im**perfect　[impə́:rfikt] **불완전한**
  완전하지perfect 않은im 것이니 불완전한

- **im**mature　[ìmətʃúər] **미숙한**
  성숙하지mature 않은im 것이니 미숙한

- **im**polite　[ìmpəláit] **무례한, 버릇없는**
  예의바르지polite 않은im 것이니 무례한, 버릇없는

- **un**happy　[ʌ̀nhǽpi] **불행한**
  행복하지happy 않은un 것이니 불행한

- **un**able　[ʌ̀néibl] **무능한, ~할 수 없는**
  할 수able 없는un 것이니 무능한, ~할 수 없는

- **un**fortunate　[ʌ̀nfɔ́:rtʃənət] **불운한**
  운이 좋지fortunate 않은un 것이니 불운한

incorrect
[ìnkərékt] **틀린, 부정확한**
Brooks said that report was incorrect.
부룩스는 보고서가 잘못되었다고 말했다.

infamous
[ínfəməs] **불명예스러운, 악명 높은**
The most infamous was racing.
가장 악명 높은 레이싱이 되었습니다.

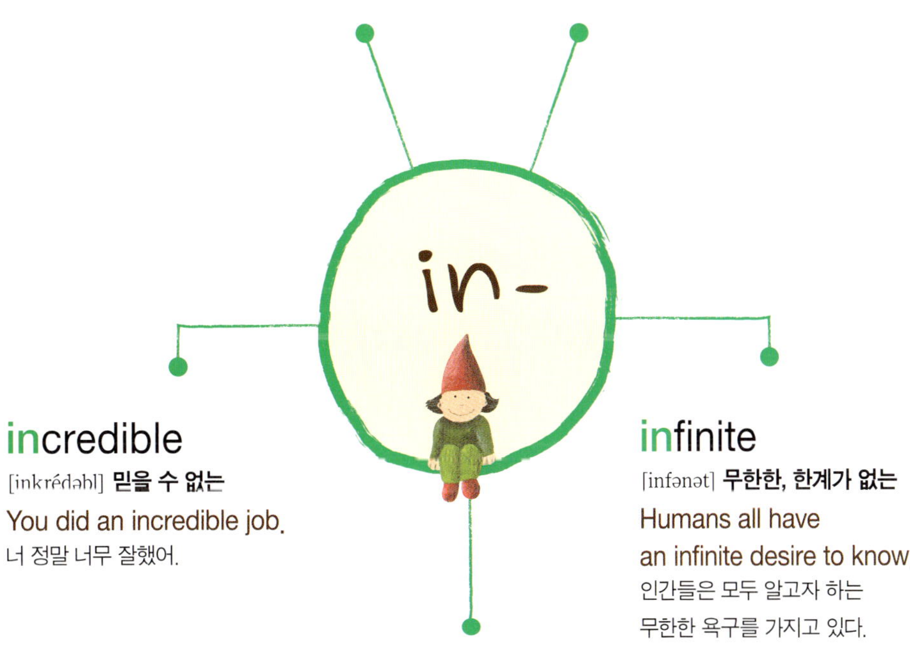

incredible
[inkrédəbl] **믿을 수 없는**
You did an incredible job.
너 정말 너무 잘했어.

infinite
[ínfənət] **무한한, 한계가 없는**
Humans all have
an infinite desire to know.
인간들은 모두 알고자 하는
무한한 욕구를 가지고 있다.

informal
[infɔːrməl] **격식에 얽매이지 않는, 허물없는, 편안한**
She's informal with everyone.
그녀는 누구와도 허물이 없다.

imperfect
[impə́ːrfikt] **불완전한**
It is an imperfect solution.
이것은 불완전한 해결책이에요.

immature
[ìmətʃúər] **미숙한**
She is immature for her age.
그녀는 나이에 비해서 덜 성숙하다.

impolite
[ìmpəláit] **무례한, 버릇없는**
It was impolite of them
not to respond.
그들이 대답을 하지 않은 것은 무례했다.

unhappy
[ʌnhǽpi] **불행한**
He was unhappy at being
left out of the team.
그는 팀이 탈락된 것에 불행했습니다.

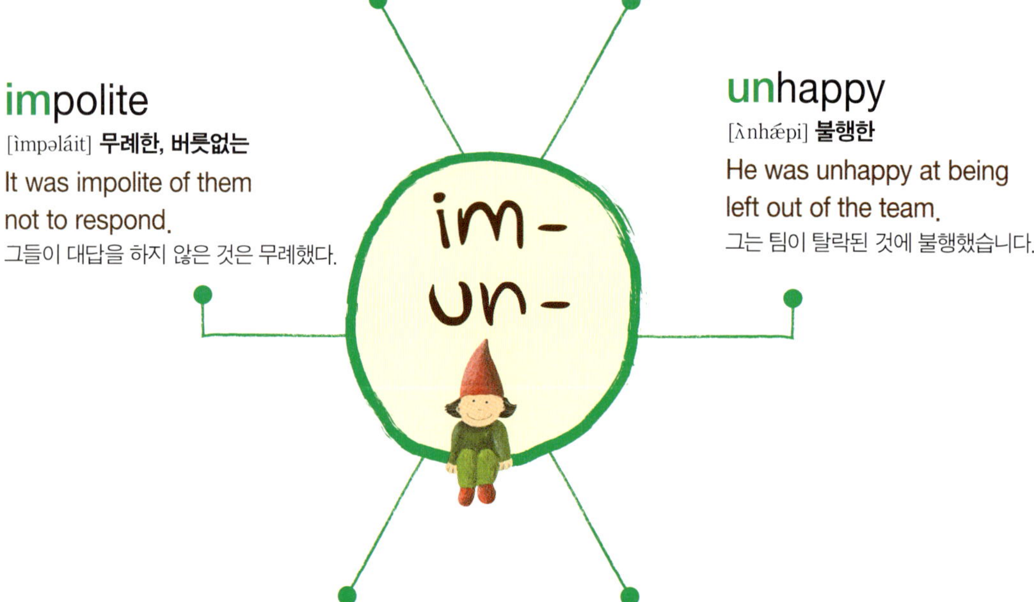

unable
[ʌnéibl] **무능한**
She is unable to work today.
그녀는 오늘 일할 수 없다.

unfortunate
[ʌnfɔ́ːrtʃənət] **불운한**
It's unfortunate that they cannot attend.
그들이 참석할 수 없다니 유감이다.

✔ 틀린   incorrect

☐ 악명 높은

☐ 믿을 수 없는

☐ 무한한

☐ 허물없는 편안한

☐ 불완전한

☐ 미숙한

☐ 무례한

☐ 불행한

☐ 무능한

☐ 불운한

39

변신(trans-)술의 천재, 제우스

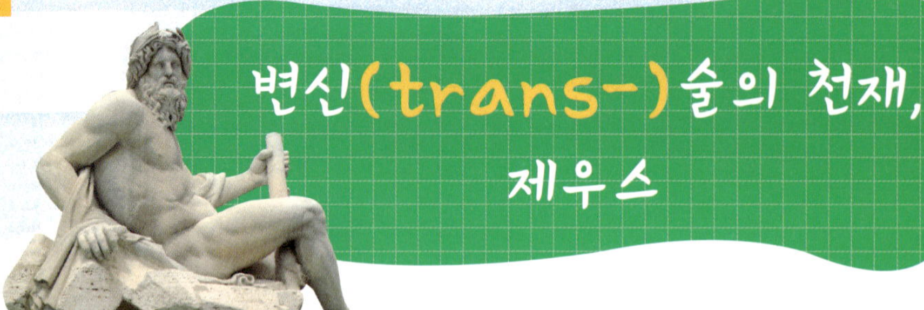

백조로 변신한 제우스와 레다

신화나 소설에 등장한 주인공 중에 가장 위대한 변신술을 가진 인물은 아마 그리스로마 신화에 나오는 하늘의 신 제우스일 거예요. 하늘의 신 제우스는 자신의 마음에 드는 여신이나 여인을 발견하면 온갖 것으로 변신해서 여자의 마음을 사로잡았어요. 제우스는 동물로 변신할 뿐만 아니라 때로는 무생물로 변하기도 했어요. 예를 들면 안티오페라는 여인의 미모에 반한 제우스는 반은 사람이고 반은 짐승인 괴물 사티로스로 변신하였고 이오라는 여인을 유혹하기 위해서는 검은 구름으로 변신하기도 했어요. 또 에우로페를 유혹할 때는 황소로 변신하기도 했어요. 영어로 '변하거나 옮겨 간다'는 의미를 나타내는 말이 바로 트랜스(trans-)예요. 트랜스(trans-)는 다른 곳이나 상태로 '이동하는, 바꾸는' 이라는 뜻을 담고 있어요.

변하다, 옮겨 간다는 뜻을 담고 있는 trans-

- **trans**fer
  [trænsfə́ːr] **옮기다, 갈아타다**
  다른 곳으로 이동trans하니 옮기다, 갈아타다

- **trans**port
  [trænspɔ́ːrt] **수송하다, 운송하다**
  다른 항구port로 옮기trans니 수송하다, 운송하다

- **trans**late
  [trænsléit] **번역하다**
  다른 언어의 글로 바꾸trans니 번역하다

- **trans**lator
  [trænsléitər] **번역가**
  번역하는translate 사람or이니 번역가

- **trans**form
  [trænsfɔ́ːrm] **변형시키다**
  다른 형태form로 바꾸trans니 변형시키다

- **trans**it
  [trǽnsit] **변화, 운반, 수송**
  상태나 장소가 달라지는trans 것이니 변화, 운반, 수송

- **trans**mission
  [trænsmíʃən] **변속기, 전달**
  엔진의 힘을 바퀴로 보내는trans 장치이니 변속기, 전달

- **trans**action
  [trænsǽkʃən] **거래**
  사는 쪽 또는 파는 쪽으로 옮겨 가는trans 행위action이니 거래

transfer
[trænsfə́:r] **옮기다, 갈아타다**
The transfer will take place in two hours.
운반은 2시간 후에 이루어질 거야.

translator
[trænsléitər] **번역가**
Let's get a translator in here.
통역을 불러와.

transport
[trænspɔ́:rt] **수송하다, 운송하다**
The transport buses are starting to arrive.
이송 버스들이 도착하고 있어요.

transmission
[trænsmíʃən] **변속기, 전달**
I sent the transmission.
내가 보낸 거야.

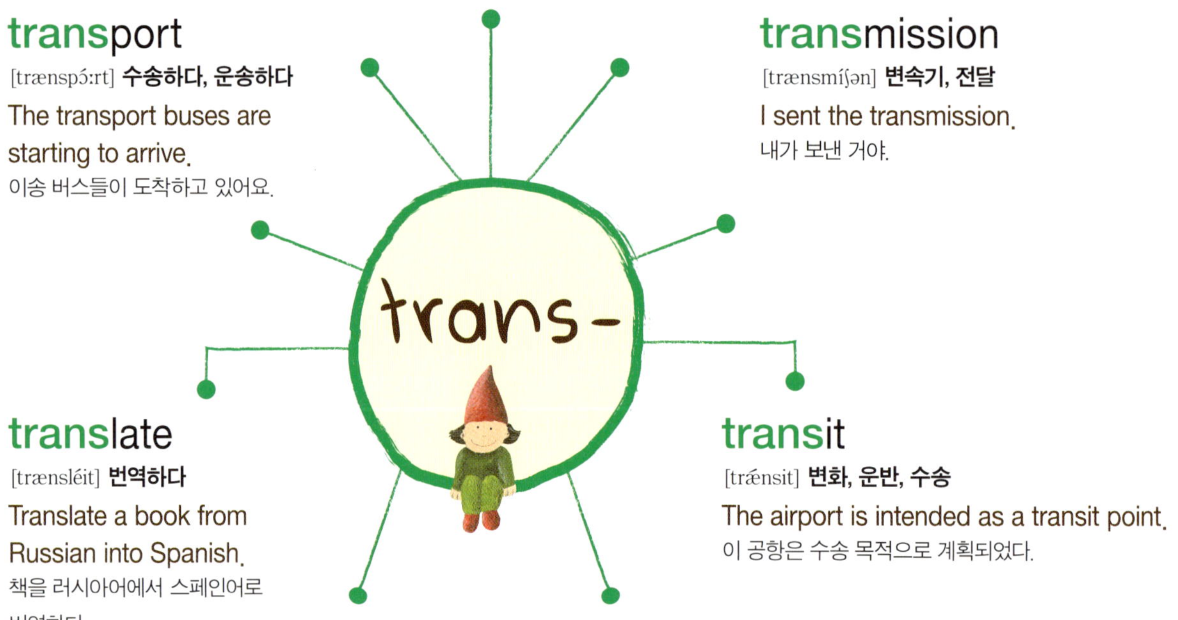

translate
[trænsléit] **번역하다**
Translate a book from Russian into Spanish.
책을 러시아어에서 스페인어로 번역하다.

transit
[trǽnsit] **변화, 운반, 수송**
The airport is intended as a transit point.
이 공항은 수송 목적으로 계획되었다.

transform
[trænsfɔ́:rm] **변형시키다**
It's like you transformed him.
완전히 사람을 바꾼 셈이지.

transaction
[trænsǽkʃən] **거래**
But there was no transaction at the time.
그 당시는 거래가 없었지만요.

✔ 옮기다　transfer

☐ 수송하다

☐ 번역하다

☐ 번역가

☐ 변형시키다

☐ 운반

☐ 전달

☐ 거래

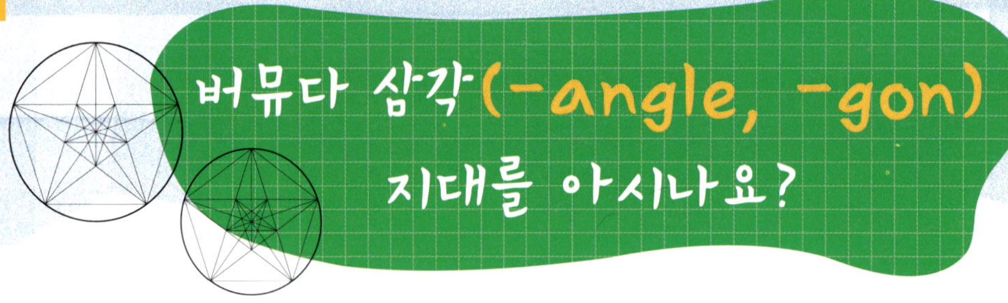

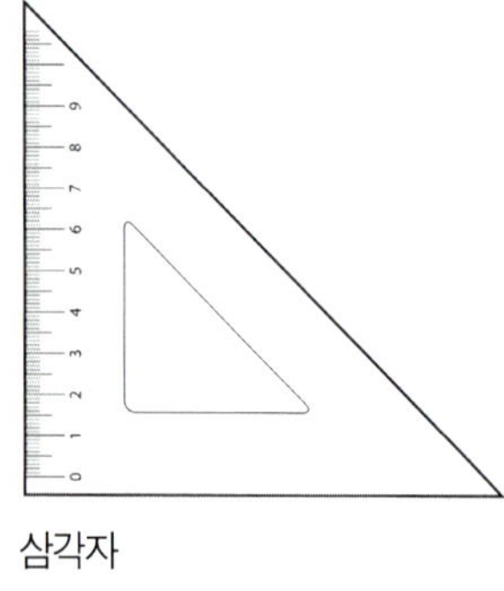
삼각자

중앙아메리카의 버뮤다 제도 부근에에 있는 버뮤다 삼각 지대는 버뮤다 제도를 점으로 하여 플로리다와 푸에르토리코를 잇는 선을 밑변으로 하는 삼각형의 해역을 가리켜요. 이 해역은 비행기나 배의 사고가 잦아서 마의 바다라고 불려요. 그래서 그 원인으로 전자파나 중력의 이상, 혹은 조류의 영향, 심지어 UFO의 장난이라는 설까지 등장했어요. 일단 결론은 완전한 우연이라고 났지만 사람이 뭔가 밝혀내지 못한 거대한 비밀이 숨어 있을 수도 있어요. 영어로 버뮤다 삼각 지대를 버뮤다 트라이앵글(triangle)이라고 해요. 영어로 구부려서 생기는 '각도나 각'에는 앵글(-angle)이나 곤(-gon)이 붙어요. 그래서 삼각형을 트라이앵글(triangle)이라 해요. 그러면 오각형이나 육각형은 뭐라고 할까요.

각도, 각이라는 뜻을 담고 있는 -angle, -gon

- rect**angle**

[réktæŋgl] **사각형**
네 번rect 구부린angle 것이니 사각형

- tri**angle**

[tráiæŋgl] **삼각형**
세 번tri 구부린angle 것이니 삼각형

- penta**gon**

[péntəgàn] **오각형, 펜타곤**
다섯 번penta 구부린gon 것이니 오각형, 펜타콘

- hexa**gon**

[héksəgən] **육각형**
여섯 번hexa 구부린gon 것이니 육각형

- octa**gon**

[áktəgàn] **팔각형**
여덟 번octa 구부린gon 것이니 팔각형

-angle, -gon로 영어 그물 짜기

rectangle
[réktæ̀ŋgl] **사각형**

Create a white rectangle to fill the image.
이미지를 채우기 위해 흰색 사각형을 만듭니다.

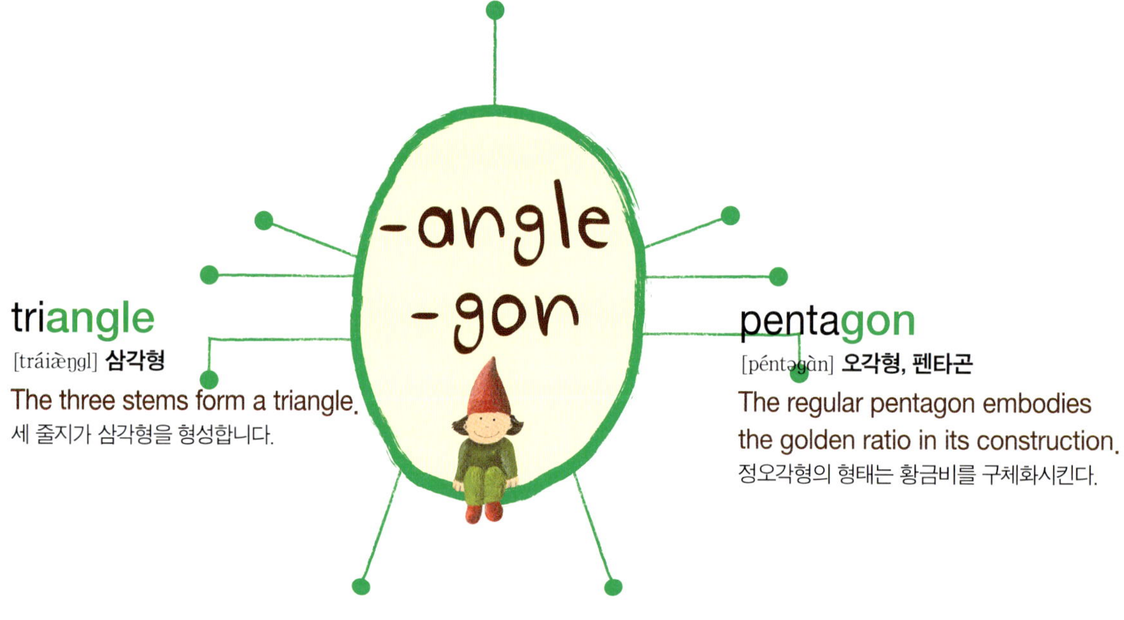

triangle
[tráiæ̀ŋgl] **삼각형**

The three stems form a triangle.
세 줄지가 삼각형을 형성합니다.

pentagon
[péntəgàn] **오각형, 펜타곤**

The regular pentagon embodies
the golden ratio in its construction.
정오각형의 형태는 황금비를 구체화시킨다.

hexagon
[héksəgən] **육각형**

The cereal itself is in a hexagon shape.
곡물 자체는 육각형 모양이다.

octagon
[áktəgàn] **팔각형**

The garden was laid out as an octagon.
그 정원은 팔각형으로 설계되었다.

✔ 사각형   rectangle

☐ 삼각형

☐ 오각형

☐ 육각형

☐ 팔각형

월급, Salary (샐러리)

영어로 월급을 샐러리(salary)라고 해요. 이 샐러리(salary)는 소금과 관련되어 생긴 말이에요. 옛날에는 소금이 매우 귀했기 때문에 소금이 생산되는 지역에는 소금으로 월급을 받기도 했어요. 특히 고대 로마 병사들은 한 달 월급으로 소금을 살 수 있는 샐러리(salary)라는 특별한 돈을 받았다고 해요. 여기서 월급을 뜻하는 샐러리(salary)라는 말이 생겼어요.

41

모든(pan-) 걸 가진 여자, 판도라

성서에서 인류 최초의 여인이 이브라면 그리스로마 신화에서는 판도라가 인류 최초의 여인이에요. 제우스는 대장간의 신 헤파이스토스를 시켜 인류 최초의 여인을 만들게 했어요. 그런데 이 여인이 얼마나 아름다웠던지 모든 신들이 앞다투어 이 여인에게 선물을 주며 마음을 사려고 했어요. 이렇게 신들에게 모든 선물을 받은 여인의 이름은 판도라였어요. 판도라는 '모든 선물을 받은 여인'이라는 뜻이에요. 하지만 보통 '판도라의 상자'라고 하면 알아봤자 좋을 것이 없는 사실 혹은 너무 궁금하지만 건드려서는 안 되는 일 등을 일컫는 말로 쓰여요. 또 인간의 헛된 욕심으로 일을 그르칠 수 있다는 의미로도 사용해요. 판도라의 이름 중에 판(pan-)은 모든 것이라는 의미가 있어요. 그래서 영어에서 이 판(pan-)이 들어가면서 '모든 것'을 가리키는 의미가 담겼어요.

판도라

- **pan**-Korea

[pǽn-kəríːə] **전 한국의, 범 한국의**
모든pan 한국korea이니 전 한국의, 범 한국의

- **pan**orama

[pǽnərǽmə] **파노라마**
전체pan 풍경orama이니 파노라마

- **pan**tomime

[pǽntəmàim] **팬터마임, 무언극**
전부pan 몸짓만으로mime 하는 것이니 팬터마임, 무언극

- **pan**acea

[pǽnəsíːə] **만병통치약**
모든pan 아픈 곳에acea 쓰는 약이니 만병통치약

- **pan**theon

[pǽnθiàn] **판테온, 신전**
모든pan 신들이theon 있는 곳이니 판테온, 신전

pan-Korea

[pǽn-kəríːə] **전 한국의, 범 한국의**

Transportation announced that it would invest to expand the pan-Korea traffic network.
건설교통부는 전 한국 교통 네트워크를 확장하기 위해 투자한다고 발표했다.

panorama

[pǽnəræmə] **파노라마**

It is the largest panorama in the world.
그것은 세계에서 가장 큰 파노라마입니다.

pantomime

[pǽntəmàim] **팬터마임, 무언극**

The story is also used as a basis for pantomimes.
이야기는 무언극의 기반으로 사용됩니다.

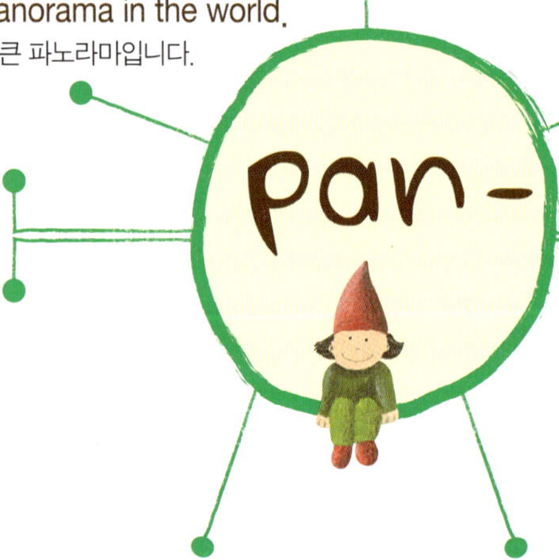

panacea

[pǽnəsíːə] **만병통치약**

Building more private homes is not a panacea.
더 많은 개인 주택을 건축하는 것은 만병통치약이 아닙니다.

pantheon

[pǽnθiàn] **판테온, 신전**

He is buried in the Pantheon.
그는 판테온에 묻혀 있다.

☑ 전 한국의   pan-Korea

☐ 파노라마

☐ 무언극

☐ 만병통치약

☐ 신전

상표, Brand (브랜드)

상표라는 뜻이 있는 브랜드(brand)는 원래 옛날에 목동들이 자기네 목장 소속 소를 표시하기 위해 소에게 낙인을 찍어 준 것에서 나온 말이에요. 낙인을 찍어 두면 소들이 섞이더라도 금방 자기네 소를 가려낼 수 있는 거예요. 이렇게 낙인을 찍어 두던 것이 점차 물건에도 어떤 회사의 제품인가를 표시하는 것으로 확대되면서 여전히 브랜드(brand)라고 부르게 된 것이에요. 그래서 지금도 브랜드(brand)는 상표라는 뜻도 있지만 여전히 낙인이라는 뜻도 있어요.

42

국외로 나가려면 부두나 공항(-port-)을 이용해야 해

사람이나 물건이 오가는 항구

비행기가 없던 옛날에는 육지로 연결된 이웃 나라가 아니면 항구를 이용해 배를 타고 가야 했어요. 그래서 배는 이웃 나라와 이웃 나라를 연결하는 아주 중요한 교통수단이었어요. 콜럼버스도 배를 타고 신대륙을 발견했어요. 그래서 영어로 항구를 포트(port)라고 하는데 이 포트에는 옮긴다는 뜻이 있어요. 항구는 바로 사람이나 물건을 옮겨 주는 곳이니까요. 그 후로 과학이 발달하면서 비행기가 생겨 이제 사람들은 배보다는 빠르고 편리한 비행기를 많이 이용해요. 비행기를 타고 내라는 공항도 바로 사람을 옮겨 주는 곳이에요. 비행기는 공중으로 사람을 옮겨 주니까 공항을 에어포트(airport)라고 하는 것이에요. 포트(-port-)는 그래서 '항구'라는 뜻과 '옮기다'라는 뜻도 있어요.

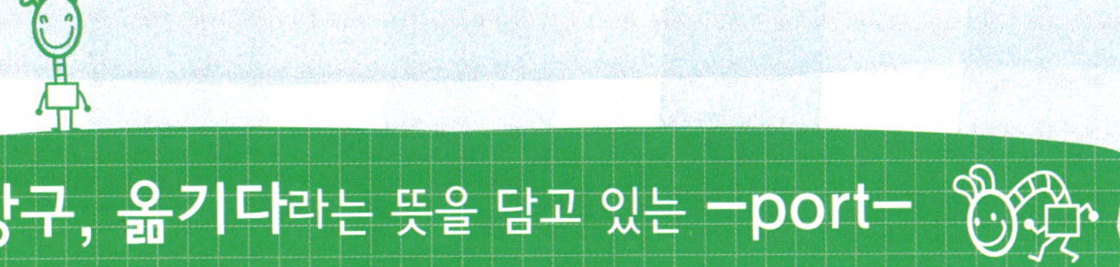

- **port**

  [pɔ́:rt] **항구, 휴식처, 피난처**
  항구port이니 항구, 휴식처, 피난처

- **port**able

  [pɔ́:rtəbl] **휴대할 수 있는**
  옮기는port 것을 가능하게able 하는 것이니 휴대할 수 있는

- **port**er

  [pɔ́:rtər] **운반인, 짐꾼**
  옮기는port 사람er이니 운반인, 짐꾼

- im**port**

  [impɔ́:rt] **수입**
  안im으로 옮겨 오는port 것이니 수입

- ex**port**

  [ikspɔ́:rt] **수출**
  밖ex으로 옮겨 가는port 것이니 수출

- air**port**

  [ɛ̀ərpɔ́:rt] **공항**
  공중air으로 다니는 항구port이니 공항

port
[pɔ́:rt] **항구, 항만, 휴식처, 피난처**
We set course for the nearest port.
우리들은 가장 가까운 항구로 진로를 잡았다.

portable
[pɔ́:rtəbl] **휴대할 수 있는**
It was marketed
as a portable media player for kids.
그것은 아이를 위한
휴대용 미디어 플레이어로 판매되었다.

porter
[pɔ́:rtər] **운반인, 짐꾼**
The porter will take your luggage.
짐꾼이 짐을 운반해 줄 겁니다.

-port-

import
[impɔ́:rt] **수입**
Last year, Korea imported
200,000 tons of rice.
지난 해 한국은 200,000톤의 쌀을 수입했다.

export
[ikspɔ́:rt] **수출**
We export to many countries.
우리는 많은 나라로 수출을 하고 있다.

airport
[ɛ́ərpɔ́:rt] **공항**
When did they start for the airport?
그들이 언제 공항으로 출발했습니까?

184

✔ 항구　port

☐ 휴대할 수 있는

☐ 운반인

☐ 수입

☐ 수출

☐ 공항

Robot (로봇)

로봇(robot)이라는 말은 원래 체코슬로바키아의 극작가 차페크가 처음 만들어 낸 말이에요. 차페크는 기계 장치를 한 인조인간을 소재로 희곡을 쓰면서 거기에 나오는 인조인간의 이름을 로봇(robot)이라고 했고 희곡의 제목은 「R.U.R」 이었어요. R.U.R 은 체코어로 '로섬의 만능 로봇'의 약자였어요. 1923년 이 희곡이 영어로 번역되면서 로봇(robot)이라는 말이 그대로 소개되었어요. 그래서 이때부터 로봇(robot)이라는 말이 영어권에도 널리 쓰이기 시작하면서 오늘날의 로봇(robot)이 되었어요. 원래 로봇은 체코어로 노예를 뜻하는 말이라고 해요.

43

다재다능한 (multi-) 사람, 다빈치

〈모나리자〉

이탈리아의 작은 마을 빈치에서 태어난 소년은 어려서부터 그림 그리기와 뭔가 만드는 것을 매우 좋아했어요. 그래서 열여섯 살부터 스승 밑에서 그림을 배웠어요. 어느 날, 소년은 스승과 함께 그림을 그릴 수 있는 기회가 왔어요. 이때 스승은 소년의 그림 실력을 보고 깜짝 놀랐어요.

"세상에, 나이 어린 제자가 나보다 훨씬 낫다니! 다시는 그림을 그리지 않겠어."

이렇게 스승도 뛰어넘을 정도로 그림을 잘 그린 소년이 바로 레오나르도 다빈치예요.

레오나르도 다빈치는 이뿐만 아니라 다양한 분야에서 뛰어난 재능을 보였어요. 그는 건축물을 설계하기도 하고 인체를 해부한 그림과 비행기 설계도를 그리기도 했어요. 레오나르도 다빈치처럼 다양한 분야에서 두루 여러 가지 일을 동시에 잘하는 사람을 우리는 멀티플레이어(multiplayer)라고 해요. 특히 스포츠에서 많이 쓰는 말이에요. 여기서 영어로 멀티(multi-)는 '많은, 여럿의' 의미를 담고 있어요.

- **multi**colored
  [mʌ́ltikʌ́lərd] **여러 색깔의, 다색의**
  여러multi 색깔의colored 뜻이 있으니 여러 색깔의, 다색의

- **multi**vitamin
  [mʌ́ltiváitəmin] **종합 비타민**
  여러multi 종류의 비타민vitamin이니 종합 비타민

- **multi**player
  [mʌ́ltiplèiər] **멀티플레이어**
  멀티multi 플레이어player이니 이름 그대로 멀티플레이어

- **multi**cultural
  [mʌ́ltikʌ́ltʃərəl] **다문화의**
  다양한multi 문화의cultural 뜻이니 다문화의

- **multi**role
  [mʌ́ltiròul] **만능의**
  다양한multi 역할을role 하는 것이니 만능의

- **multi**national
  [mʌ́ltinǽʃənl] **다국적의, 다국적 기업**
  다양한multi 국가의national 뜻이니 다국적의, 다국적 기업

multicolored

[mʌ́ltikʌ́lərd] **여러 색깔의, 다색의**

Some parrots are multicolored.
어떤 앵무새들은 색이 다양합니다.

multivitamin

[mʌ́ltiváitəmin] **종합 비타민**

Take a multivitamin every day.
매일 종합 비타민을 먹어라.

multiplayer

[mʌ́ltiplèiər] **멀티플레이어**

I can see myself as a multiplayer.
나는 멀티플레이어가 되어 있을 것 같아요.

multicultural

[mʌ́ltikʌ́ltʃərəl] **다문화의**

We live in a multicultural society.
우리는 다문화 사회에 살고 있다.

multinational

[mʌ́ltinǽʃənl] **다국적의, 다국적 기업**

They operate multinational company in Asia.
그들은 아시아에서 다국적 기업을 경영하고 있다.

multirole

[mʌ́ltiròul] **만능의**

The success of two multinational companies
gives us a valuable lesson.
두 다국적 회사의 성공은 우리에게 귀중한 교훈을 준다.

✔ 여러 색깔의   multicolored

☐ 종합 비타민

☐ 멀티플레이어

☐ 다문화의

☐ 만능의

☐ 다국적의

소방수, Fireman (파이어맨)

처음에 파이어맨(fireman)은 글자 그대로 불을 붙이는 사람이었다고 해요. 이들은 탄광촌에서 일하는 사람으로 매일 아침 가장 일찍 일어나 탄광 안으로 들어가 불을 붙이는 역할을 했어요. 물에 적신 거적을 둘러쓰고 긴 막대기에 촛불을 켜고 탄광 안에 남아 있는 폭발성 가스를 불로 태우는 것이 이들의 역할이었어요. 이렇게 해서 광부들이 작업할 때 혹시 일어날지 모르는 폭발의 위험을 없앴다고 해요. 불을 붙여 사람들의 위험을 제거하던 파이어맨(fireman)이 점차 불의 위험에서 사람을 구하는 불을 끄는 사람이라는 의미에까지 사용되면서 소방수라는 뜻을 가지게 되었어요.

44

끝없는(-less) 사랑의 주인공, 로미오와 줄리엣

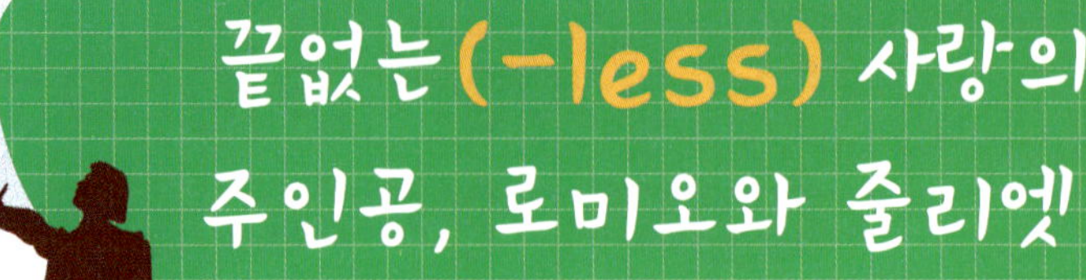

로미오와 줄리엣

영국의 작가 셰익스피어의 작품인 『로미오와 줄리엣』은 젊은 남녀의 이루어질 수 없는 비극적 사랑을 다룬 이야기예요.

엄청나게 사이가 나쁜 두 가문의 남녀인 로미오와 줄리엣이 무도회에서 만나 서로 사랑에 빠져요. 이를 빌미로 두 가문의 친척들 간에 칼부림이 일어나고 로미오의 친구가 그 와중에 죽고 말아요. 이에 로미오는 친구의 복수를 위해 상대방을 살해하면서 멀리 쫓겨나요. 그리고 줄리엣은 집안의 강요로 다른 남자와 결혼을 하게 되자 거짓으로 죽는 약을 먹고 죽은 척하고 이 소식을 들은 로미오는 줄리엣을 찾아와요. 하지만 줄리엣이 진짜 죽은 줄 알고 로미오는 줄리엣을 따라 자살을 하고 말아요. 잠에서 깬 줄리엣은 로미오가 죽은 걸 보고 따라 죽으면서 두 사람은 사랑의 위대함을 우리에게 보여주어요. 우리는 영어로 끝없는 사랑을 엔드리스러브(**endless love**)라고 해요. 여기서 리스(**-less**)가 '~없는'이라는 뜻이 있어요.

- end**less**

[éndlis] **끝없는**
끝end 없는less 것이니 끝없는

- tree**less**

[tri:ləs] **나무가 없는**
나무tree가 없는less 것이니 나무가 없는

- self**less**

[sélflis] **이기적이지 않은**
자기self 자신이 없는less 것이니 이기적이지 않은

- meaning**less**

[mí:niŋlis] **의미가 없는**
의미가meaning 없는less 것이니 의미가 없는

- tire**less**

[táiərlis] **지칠 줄 모르는**
피곤함tire이 없는less 것이니 지칠 줄 모르는

- care**less**

[kέərlis] **부주의한, 조심성 없는**
조심성care이 없는less 것이니 부주의한, 조심성 없는

endless

[éndlis] **끝없는**

Right. This task is really endless.
맞아. 이 업무 정말로 끝이 없다고.

treeless

[tri:ləs] **나무가 없는**

The island is small, flat, and treeless.
작은 섬에는 평탄하고 나무도 없다.

selfless

[sélflis] **이기적이지 않은**

This selfless act is the last thing they ever do.
이 이기적이지 않은 행동은
지금까지 할 수 있는 마지막 일이었다.

meaningless

[mí:niŋlis] **의미가 없는**

Her life felt empty and meaningless.
그녀의 삶은 공허하고 아무런 의미가 없었다.

tireless

[táiərlis] **지칠 줄 모르는**

He is a tireless champion of that work.
그는 그 일에서 지칠 줄 모르는 챔피언입니다.

careless

[kέərlis] **부주의한, 조심성 없는**

This is what comes of being so careless.
이것은 너무나 부주의해서 생긴 결과이다.

Reading & Writing

✔ 끝없는 *endless*

☐ 나무가 없는

☐ 이기적이지 않은

☐ 의미가 없는

☐ 지칠 줄 모르는

☐ 조심성 없는

Jeep (지프)

자동차의 한 종류인 지프차의 지프(jeep)는 오래전 미국의 인기 만화 영화 〈뽀빠이〉에 등장하는 동물 이름이었어요. 〈뽀빠이〉를 그린 만화가 세거라는 사람은 1937년 만화의 재미를 위해 개를 닮은 상상의 동물 지프를 등장시켰어요. 지프는 작고 용감했고 난초를 먹었으며 자신의 모습도 감출 수 있었다고 해요.

그리고 미국의 자동차 회사가 4인승 지붕 없는 무개차를 군대에 납품했다고 해요. 이 차를 본 병사들이 길이가 고작 3미터밖에 안 되지만 어디든 힘차게 달릴 수 있는 이 차를 지프라고 불렀고 결국은 이 차의 상품명도 지프(jeep)가 되었어요.

45

잘못된(mis-) 선택이 불러온 패배, 트로이 전쟁

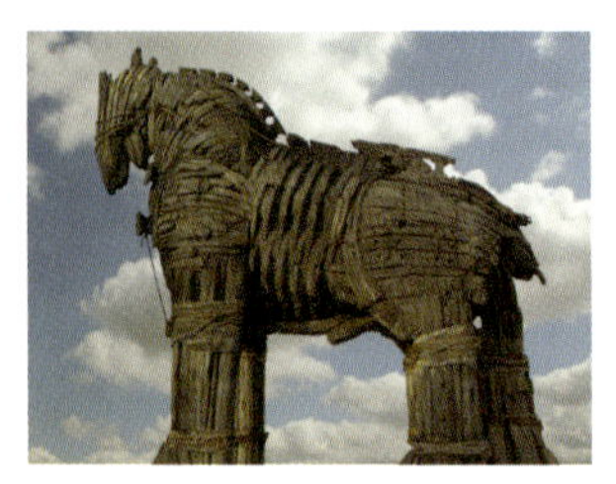

트로이 목마

트로이 전쟁은 그리스 연합군과 트로이군과의 전쟁을 말하는데 이 전쟁은 그리스로마 신화의 세 여신 때문에 일어났어요. 그리스로마 신화에서 불화의 여신 에리스는 어느 날 심술이 나서 아프로디테, 헤라, 아테네가 있는 곳으로 가 '가장 아름다운 여신에게'라는 글귀를 새긴 황금 사과를 던져 주었어요. 이것을 놓고 세 여신은 서로 자기가 최고의 미인이라 다투었지만 결말이 나지 않았어요. 결국 세 여신은 트로이의 왕자 파리스에게 물어보기로 했고 파리스는 아프로디테에게 사과를 건네요. 그리고 그 답례로 스파르타의 왕비를 아내로 맞이하게 돼요. 하지만 아내를 뺏긴 스파르타의 왕이 아내를 되찾기 위해 트로이와 전쟁을 벌이게 돼요. 그 전쟁은 10년이나 끌었지만 결국 트로이의 목마로 인해 그리스군이 승리하게 되었어요. 신들의 다툼에 끼어들어 함부로 판단한 파리스의 실수가 트로이의 멸망을 몰고 온 것이에요. 영어에서 미스(mis-)는 '잘못된'이라는 뜻이 있어요.

잘못된이라는 뜻을 담고 있는 mis-

- **mis**take
  [mistéik] **실수**
  잘못mis 가져갔으니take 실수

- **mis**understand
  [mìsʌndərstǽnd] **오해하다**
  잘못mis 이해했으니understand 오해하다

- **mis**count
  [miskáunt] **잘못 세다, 계산 착오**
  잘못mis 계산했으니count 잘못 세다, 계산 착오

- **mis**fire
  [misfáiər] **불발, 빗나가다**
  잘못mis 발사되었으니fire 불발, 빗나가다

- **mis**fortune
  [misfɔ́ːrtʃən] **불운, 불행**
  잘못된mis 행운이니fortune 불운, 불행

- **mis**place
  [mispléis] **잘못 두다**
  잘못mis 두었으니place 잘못 두다

mistake

[mistéik] **실수**

You made a terrible mistake.
너 정말 엄청난 실수를 저질렀어.

misunderstand

[mìsʌndərstǽnd] **오해하다**

He was the unknowing cause of
all the misunderstanding.
그는 자신도 모르게
그 모든 오해의 원인이 되고 있었다.

miscount

[miskáunt] **잘못 세다, 계산 착오**

The votes had been miscounted.
투표는 잘못 세어졌다.

misfire

[misfáiər] **불발, 빗나가다**

Her gun must have misfired.
총이 불발되었나 봐.

misfortune

[misfɔ́ːrtʃən] **불운, 불행**

That is a happy feature of the misfortune.
불행 중 다행입니다.

misplace

[mispléis] **잘못 두다**

It's easy to misplace your car in the parking lot.
주차장에 차를 잘못 두고 차를 찾지 못하는 일은 종종 있다.

196

Reading & Writing

✔ 실수　mistake

☐ 오해하다

☐ 잘못 세다

☐ 불발

☐ 불행

☐ 잘못 두다

Quiz (퀴즈)

퀴즈(quiz)는 우연히 만들어진 단어라고 해요. 1870년경 아일랜드에서 극장 지배인으로 일하던 델리가 술을 마시다가 친구들과 내기를 했다고 해요. 다음 날 아침까지 새로운 낱말을 하나 만들겠다는 것이었어요. 이 말을 들은 친구들은 낱말이 아무렇게나 만들어지는 것이냐며 실패하면 한턱내라고 했어요. 그날 밤 델리는 자신이 생각한 단어로 온 동네에 낙서를 하고 다녔어요. 아침에 일어난 동네 사람들은 건물마다 마구 쓰여 있는 퀴즈(quiz)라는 낱말을 보고 도대체 저게 뭐냐며 수군거렸다고 해요. 이때부터 정말 퀴즈(quiz)는 뭔지 알 수 없다는 뜻의 수수께끼 혹은 알아맞히기의 뜻으로 널리 퍼져 갔어요.